위풍당당 띄어쓰기

| 정제원 지음 |

위풍당당 띄어쓰기

초판 발행일 2013년 7월 1일
4 쇄 발행일 2021년 11월 10일

지은이 **정제원**
발행인 **김미희**
펴낸이 **몽트**

출판등록 2012.12.20 제 2014-0000-38호

주소 **안산시 단원구 고잔로 23-12**
전화 **031-501-2322** 팩스 **031-501-2321**
메일 **memento33@hanmail.net**

값13,500원
ISBN 978-89-6989-002-3

「이 도서의 국립중앙도서관 출판예정도서목록(CIP)은 서지정보유통지원시스템 홈페이지(http://seoji.nl.go.kr)와 국가자료공동목록시스템(http://www.nl.go.kr/kolisnet)에서 이용하실 수 있습니다.

위풍당당 띄어쓰기

| 정제원 지음 |

서문

이 책은 글을 쓸 때 띄어쓰기를 제대로 하는 일이 중요한 사람들이라면 남녀노소 누구나 할 것 없이 필요한 내용을 담고 있다. 아니, 그러기를 기대한다. 그것이 필자의 기본적인 바람이다. 하지만 띄어쓰기를 제대로 하는 일이 그다지 중요하다고 생각하지 않거나, 중요한지 중요하지 않은지 아예 관심이 없는 사람들이 이 책에 관심을 가져 주면 좋겠다는 마음이 필자에게는 더 가치 있는 바람이다.

이 책 표지의 부제에도 나와 있지만 "띄어쓰기에는 분명한 원칙이 있다." 이 책은 그 분명한 원칙을 독자들에게 되도록 쉽게 설명하려고 노력했다. 그러기 위해서 기본적인 국어 문법 지식도 설명해 놓았고, 적절한 조사나 어미의 예들을 들어 놓기도 했다. 그런데 국어 문법 공부란 참으로 지루한 것이 사실이다. 따라서 어쩔 수 없이 등장할 수밖에 없는 국어 문법 용어들은 일기 쉽게 정의해 놓았고, 그 용어들을 통해 띄어쓰기를 설명하는 데에도 되도록 일상어를 사용했다. 전문적인 국어 문법 연구자들에게는 그러한 일상어들이 더 낯설 것이다. 궁여지책이었다.

이 책을 쓰는 데 큰 도움을 받은 국어 문법서들은 다음과 같다. 《표준국어문법론(남기심·고영근)》, 《국어문법론강의(이익섭·채완)》, 《학교문법론(이관규)》, 《어미·조사 사전(이희자·이종희)》. 이 네 권의 문법서들을 이 자리에서 소개하는 이유는, 띄어쓰기에 대해 보다 전문적인 지식을 갖기 위해 좋은 국어 문법서를 읽고 싶어 하는 독자들이 혹 있을지 몰라서이다. 소개한 문법서들은 그러한 독자들에게 좋은 길잡이가 되어 줄 것이다.

　사실 띄어쓰기는 어문생활에서 그다지 중요한 요소가 아닐 수 있다. "이 친구가 그때 말씀을 드렸던 바로 그 가수입니다."라고 띄어쓰기를 제대로 지키며 글을 쓰면 좋겠지만, 그렇지 않는다 해도, 예를 들어, "이 친구가 그 때 말씀을 드렸던 바로 그가수 입니다."라고 쓴다 해도, 일반적인 국어 사용자들이 그 의미를 이해하지 못할 리는 거의 없다. 하지만 띄어쓰기를 무시하고 쓰기에는 우리 국어가 너무도 자랑스럽다. 국어의 품위를 지켜 줘야 하지 않겠는가? 그래서 필자는 이 책을 썼다.

　한편 띄어쓰기는 전문가들에게도 여간 까다로운 일이 아닐 수 없다. 띄어쓰기를 제대로 하자는 취지에서 집필된 이 책의 서문을 지금 쓰고 있는데, 바로 이 서문에조차도 띄어쓰기가 제대로 되지 않은 부분이 하나쯤은 나올 수 있다. 하지만 이상하게 들릴지 모르겠지만, 그런 어이없는 실수가 나온다면, 그 실수가 도리어 이 책이 꼭 필요하다는 사실을 웅변해 줄 수 있다. 그 정도로 까다로운 일인 만큼 띄어쓰기를 제대로 하면서 글을 쓸 때의 성취감도 크지 않겠는가? 그래서 필자는 이 책을 썼고, 많이 부족하지만, 보람을 느낀다.

차례

004		서문
008	1장	띄어쓰기의 대원칙
016	2장	명사와 관련한 띄어쓰기_1
024	3장	명사와 관련한 띄어쓰기_2
032	4장	대명사와 관련한 띄어쓰기
040	5장	수사와 관련한 띄어쓰기
048	6장	조사와 관련한 띄어쓰기_1
060	7장	조사와 관련한 띄어쓰기_2
072	8장	관형사와 관련한 띄어쓰기
082	9장	부사 감탄사와 관련한 띄어쓰기

094	10장	동사와 관련한 띄어쓰기_1
114	11장	동사와 관련한 띄어쓰기_2
126	12장	동사와 관련한 띄어쓰기_3
140	13장	형용사와 관련한 띄어쓰기_1
160	14장	형용사와 관련한 띄어쓰기_2
172	15장	접두 파생어와 관련한 띄어쓰기
184	16장	접미 파생어와 관련한 띄어쓰기
200	17장	합성어와 관련한 띄어쓰기
216	[부록1]	연습문제
244	[부록2]	한글 맞춤법

1장

띄어쓰기의 대원칙

띄어쓰기란?

 띄어쓰기란 글을 쓸 때 단어와 단어를 띄어 쓰는 일을 말한다. '띄어쓰기', 이 명사는 국어사전에 표제어로 등재돼 있다. 하나의 단어란 뜻이다. 하지만 띄어쓰기를 행한다는 뜻의 동사 '띄어 쓰다'는 국어사전에 등재돼 있지 않다. 두 개의 단어이기 때문이다. 따라서 '띄어쓰기'는 〈띄어쓰기〉와 같이 붙여 쓰는데, '띄어 쓰다'는 〈띄어 쓰다〉와 같이 띄어 쓴다.

 '띄어쓰기'를 공부하려고 하니, 시작부터 두려워진다. 무엇을 공부하는 일은, 특히 매우 중요하지만 그다지 그 중요성에 대해 인식하지 못했던 것을 공부하는 일은 두렵고 부끄러운 일이다. 여기서 잠깐 여성학자 정희진 씨의 글 한 대목을 읽어 보자.

 나는 안다는 것은 상처받는 일이어야 한다고 생각한다. 안다는 것, 더구나 결정적으로 중요하기 때문에 의도적으로 삭제된 역사를 알게 된다는 것은, 무지로 인해 보호받아 온 자신의 삶에 대한 부끄러움, 사회에 대한 분노, 소통의 절망 때문에 상처받을 수밖에 없는 일이다. - 정희진, 《페미니즘의 도전》.

 띄어쓰기를 제대로 하기 위해서는 국어 문법에 관한 지식을 쌓아야 하고, 국어사전을 가까이 해야 하지만 독서 습관을 바꿀 필요도 있다. 책을 읽으며 내용만 생각하는 습관을 버리고 띄어쓰기가 어떻게 되어 있는지에도 유념하는 습관을 들여야 하는 것이다. 띄어쓰기를 제대로 지킨 좋은 글들을 눈으로 익히는 일은 매우 중요하다. 위의 인용문이 어떻게 띄어쓰기를 하고 있는지 한번 살펴보자.

ⓐ <안다는>과 <것>은 띄어 썼다.
ⓑ <상처받는>은 <상처 받는>과 같이 띄어 쓰지 않고 붙여 썼다.
ⓒ <생각한다>는 <생각 한다>와 같이 띄어 쓰지 않고 붙여 썼다.
ⓓ <중요하기>와 <때문>은 띄어 썼다.
ⓔ <삭제된>은 <삭제 된>과 같이 띄어 쓰지 않고 붙여 썼다.
ⓕ <알게>와 <된다>는 띄어 썼다.
ⓖ <보호받아>는 <보호 받아>처럼 띄어 쓰지 않고 붙여 썼다.
ⓗ <보호받아>와 <온>은 띄어 썼다.
ⓘ <절망>과 <때문>은 띄어 썼다.
ⓙ <상처받을>과 <수>는 띄어 썼다.
ⓚ <수밖에>는 <수 밖에>와 같이 띄어 쓰지 않고 붙여 썼다.
ⓛ <일이다>는 <일 이다>와 같이 띄어 쓰지 않고 붙여 썼다.

왜 그렇게 띄어 쓰고, 붙여 썼을까? 띄어쓰기에 관심을 갖고 책을 읽기 시작하자마자 의문점들이 쏟아진다. 어렴풋이 알고는 있지만 그 이유를 설명하기란 쉽지 않다. 띄어쓰기가 매우 중요한 줄은 알지만 그다지 알고 싶지 않은 지식이었기 때문이다. 아니 정확하게 알 필요가 없는, 철저하게 소외된 지식이었다고 해야 맞을 것이다.

띄어쓰기의 대원칙

"단어와 단어는 띄어 쓴다. 다만 조사는 앞의 체언에 붙여 쓴다." 이 단순한 규칙이 띄어쓰기의 대원칙이다. 하지만 이 원칙을 어기지 않고 바른 띄어쓰기를 하려면 문법 지식이 제법 필요하다.

우선 국어에는 어떤 종류의 단어들이 있는지 살펴보자. 흔히 품사로 불리는 것이 바로 국어 단어의 종류들이다. "명사·대명사·수사(이상 체언), 동사·형용사(이상 용언), 관형사·부사(이상 수식언), 감탄사, 조사." 국어의 모든 단어들은 이 9가지 품사 중 하나이다.

우리가 매일 쓰고 읽고 듣고 말하는 언어이지만, 국어의 어떤 말이 정말 단어인지 아닌지, 어떤 말이 한 개의 단어인지 두 개 이상의 단어인지를 알기란 쉽지 않다. 따라서 "단어와 단어는 띄어 쓴다. 다만 조사는 앞의 체언에 붙여 쓴다."는 띄어쓰기의 대원칙은 단순하게 들리지만, 실은 매우 난해한 원칙이다.

하지만 겁먹을 필요는 전혀 없다. 곁에 두고 있는 책 중 하나를 집어 들고 읽으며 어떻게 띄어쓰기를 하고 있는지 곰곰이 따져보는 일부터 시작하면 된다. 그러다 보면 자연스럽게 국어사전을 찾게 될 것이다. 그리고 한 단어라고 생각했던 말이 실은 두 단어이고, 두 단어라고 생각했던 말이 실은 한 단어였다는 사실을 국어사전에서 깨닫게 되는 순간, 띄어쓰기의 대원칙은 정말로 단순해진다.

실제로 국어사전을 찾아보니

독일의 의사이자 저술가인 한스 할터의 《유언》이라는 책을 보면, 에디슨이 임종 직전 창밖을 보며 남긴 유언이 소개돼 있다. **"저곳은 참으로 멋진 것 같소."** 어린 시절부터 무슨 일에든 의문을 품었던 에디슨에게 창밖 풍경, 어쩌면 삶의 풍경은 의문을 품을 수 없을 정도로 멋졌던 모양이다.

그런데 문득 그의 유언 중 처음 등장하는 <저곳>이 혹시 <저 곳>의 오타가 아닐까 하는 의문이 든다. 국어사전에서 찾아보니 <저곳>은 '말하는 이와 듣는 이에게 멀리 떨어져 있는 장소를 가리키는 말'의 뜻을 가진 대명사, 즉 한 단어이다. 결국 <저 곳>이 아니라 <저곳>이 맞은 셈이다. 괜한 의문이었다. 하지만 이렇게 의문을 품는 것이야말로 띄어쓰기를 공부하는 데 가장 필요한 마음 자세이다. 기왕 에디슨의 유언 중 처음 등장하는 <저곳>을 찾았으니, 띄어쓰기와 관련해 나머지 단어들도 국어사전에서 찾아보자.

ⓐ <은>은 '어떤 대상이 다른 것과 대조됨을 나타내는 보조사'이다. 보조사가 무슨 조사인지는 잘 모르겠지만 어쨌든 조사임에는 틀림없다. 따라서 띄어쓰기의 대원칙에 따르면 앞의 체언, 즉 <저곳>이라는 대명사에 붙여 써야 한다. 보조사에 대해서는 7장에서 공부할 기회가 있을 것이다.

ⓑ <참으로>는 '거짓이 없는 참된 말로'라는 뜻의 부사이다. 따라

서 한 단어이므로 앞뒤의 말과 띄어 쓴다.

ⓒ <멋진>은 당연히 국어사전에 등재돼 있지 않다. 어간에 다양한 어미가 붙는, 소위 활용을 하는 동사나 형용사는, 어미를 '-다'로 취하는 기본형만이 국어사전에 등재돼 있다. 따라서 <멋진>을 찾으려면 기본형 <멋지다>를 찾아야 한다. 찾아보니 '잘 만들어지거나 가꾸어져서 아주 멋있다'는 뜻을 가진 형용사이다. 따라서 <멋지다>의 '-다' 대신 관형사형 어미 '-ㄴ'을 취하기만 했을 뿐 실은 <멋지다>와 같은 단어인 <멋진>도 형용사로서 한 단어이다. <멋지다>와 <멋진> 사이에 우열은 없다. <멋진>이 한 단어인 이상 당연히 앞뒤의 말과 띄어 쓴다. 어간에 각종 어미가 붙어 만들어지는 활용형에 대해서는 10장에서 공부할 것이다.

ⓓ <것>은 '일정한 일이나 사건, 사실을 나타내는 말'의 뜻을 가진 의존 명사이다. 의존 명사도 어쨌듯 명사이므로 앞뒤의 말과 띄어 쓴다. 의존 명사에 대해서는 3장에서 공부할 것이다.

ⓔ <같소> 역시 국어사전에서 찾으려면 기본형 <같다>로 찾아야 한다. <같다>와 <같소> 사이에도 우열은 없다. <같다>는 '체언의 뒤에 쓰여, 추측이나 불확실한 단정을 나타내는 말'이라는 뜻의 형용사이다. 당연히 앞의 말 <것>과 띄어 쓴다.

이렇게 여섯 개의 단어를 국어사전에서 직접 찾아보았다. 잘 모르는 문법 용어가 나오긴 했지만, "저곳은 참으로 멋진 것 같소."가 왜 이렇게 띄어쓰기되었는지 별 어려움 없이 알게 됐다. 생소한 문법 용어들은 이 책 어딘가에 잘 설명되어 있을 테니 띄어쓰기 공부를 하는 데 그것들이 혹시 장애물이 되지 않을까, 하고 걱정할 필요는 없다. 우리는 이제

막 시작했을 뿐이니 욕심부리지 말자. 다만 이것만은 명심하자. 띄어쓰기 공부의 시작은 국어사전을 찾아보는 것부터이다.

〈1장 연습문제〉

앞에서 정희진 씨의 《페미니즘의 도전》에서 인용한 글을 읽었다. 그 글을 전부 붙여 써 놓았으니, 떼어 써야 할 마디에 체크해 보자. 정답은 앞서 읽었던 인용문에서 확인하면 된다. 한편 [부록1](217쪽)에 이 문제에 대해 풀이를 해 놓았다. 이 책을 다 읽고 나야 온전히 이해할 수 있지만, 성미 급한 독자라면 지금 한번 보는 것도 나쁘지 않다.

나는안다는것은상처받는일이어야한다고생각한다. 안다는것, 더구나결정적으로중요하기때문에의도적으로삭제된역사를알게된다는것은, 무지로인해보호받아온자신의삶에대한부끄러움, 사회에대한분노, 소통의절망때문에상처받을수밖에없는일이다.

2장

명사와 관련한 띄어쓰기_1

명사란?

　명사는 사물, 혹은 상태나 추상적 개념의 이름을 나타내는 품사이다. 우리가 글을 쓰면서 가장 많이 사용하는 품사 중 하나이다. 어른, 아이, 개, 고양이, 꽃, 풀, 모래, 바위, 책상, 의자, 아침, 저녁, 한강, 낙동강, 백두산, 설악산, 사랑, 희망, 행복, 문학, 철학 예술, 역사 등이 전형적인 명사이다.
　명사는 몇 가지 기준에 의해 분류할 수 있다. 우선 사용 범위에 따라 보통 명사와 고유 명사로 나눌 수 있다. 보통 명사는 같은 성질을 가진 대상에 두루 붙일 수 있는 명사이다. 사람, 동물, 산, 강, 학교, 병원, 사랑, 행복 등이 이에 해당한다. 그와 반대로 인명, 지명을 비롯하여 국가나 회사의 이름 등은 고유 명사에 해당한다. 이순신, 부산, 프랑스, 삼성 등이 이에 해당한다. 남기심·고영근 교수는 고유명사를 다음과 같이 설명하고 있다. 띄어쓰기가 어떻게 되어 있는지 유심히 살펴보자.

　고유명사는 특정한 대상에 대해 붙여진 이름이므로 그러한 속성을 띤 대상은 오직 하나밖에는 없다. 서울 어느 동 몇 번지에 사는 '철수'라는 사람은 달리 없으며 임진왜란 때 왜적을 물리친 '이순신' 또한 하나뿐이고 '신라, 경주' 등 나라나 도시 이름도 마찬가지다. - 남기심·고영근.《표준국어문법론》.

　ⓐ <특정한>과 <대상>은 띄어 썼다.
　ⓑ <이름이므로>는 <이름 이므로>과 같이 띄어 쓰지 않고 붙여 썼다.

ⓒ 〈하나밖에는〉은 〈하나 밖에는〉과 같이 띄어 쓰지 않고 붙여 썼다.
ⓓ 〈어느〉와 〈동〉은 띄어 썼다.
ⓔ 〈몇〉과 〈번지〉는 띄어 썼다.
ⓕ 〈'철수' 라는〉은 〈'철수' 라는〉과 같이 띄어 쓰지 않고 붙여 썼다.
ⓖ 〈달리〉와 〈없으며〉는 띄어 썼다.
ⓗ 〈임진왜란〉과 〈때〉는 띄어 썼다.
ⓘ 〈하나뿐〉은 〈하나 뿐〉과 같이 띄어 쓰지 않고 붙여 썼다.
ⓙ 〈하나뿐이고〉는 〈하나뿐 이고〉와 같이 띄어 쓰지 않고 붙여 썼다.
ⓚ 〈'신라, 경주'〉와 〈등〉은 띄어 썼다.

고유 명사는 보통 명사와 달리 쓰임에 제약이 좀 있다. 우선 일반적으로 여러 개를 뜻하는 접미사 '-들'과 어울릴 수 없다. 즉 〈이순신들〉이나 〈부산들〉과 같은 쓰임은 불가능하다. 접미사에 대해서는 나중에 자세히 알아볼 것이다. 또한 여러 개 중 하나를 선택하는 의미를 가진 '어느, 이, 그'와도 어울릴 수 없다. 즉 '어느 부산', '이 프랑스', '그 삼성' 같은 쓰임이 불가능한 것이다.

명사와 관련한 띄어쓰기

국어의 경우 명사와 명사가 이어질 때, 대부분 앞의 명사가 뒤의 명사를 수식한다. 예를 들어 〈근대 예술〉에서 〈근대〉는 〈예술〉을 수식한다. 이 경우 띄어쓰기의 대원칙을 적용하면 이 두 명사, 즉 두 단어는 띄어 써야 하지만, 붙여 쓰는 것도 허용된다. 즉 <근대 예술>도 옳고 <근대예술>도 옳다. 이때 잊지 말아야 할 것은 <근대예술>은 명사가 아니라는 점이다. 두 명사를 붙여 썼을 뿐 한 단어가 아니라 구(句), 그 중에서도 명사구인 것이다. 모든 품사는 하나의 단어이어야 한다. 물론 <근대예술>이 하나의 명사와 거의 동일하게 쓰이는 것은 사실이다.

또한 명사가 세 단어 이상이 이어질 경우도 마찬가지로 원칙적으로 띄어 쓰지만 붙여 써도 무방하다. 즉 <근대 예술 연구>도 옳고 <근대예술연구>도 옳다. 여기서도 잊지 말아야 할 것은 <근대예술>과 마찬가지로 <근대예술연구>도 세 명사를 붙여 썼을 뿐 명사가 아니라 명사구라는 점이다. 한편 적절하게 붙여 쓰고 띄어 쓴 <근대예술 연구>도 옳다. 이는 글을 쓰는 이와 글을 읽는 이의 국어에 대한 직관을 존중하는 것이다. 띄어쓰기도 결국은 국어 사용자에 대한 배려이다.

한편 이어진 명사들 중 고유 명사가 포함되거나, 이어진 명사들이 하나의 전문 용어일 경우도 띄어 씀이 원칙이나 붙여 쓰는 것도 허용된다. 독자들에게는 오히려 붙여 쓰는 편이 읽기 편할지도 모르기 때문이다. <한국 대학교>보다는 <한국대학교>가, <중거리 탄도 유도탄>보다는 <중거리탄도유도탄>이 편히 읽힌다면 붙여 쓰는 쪽이 독자를 배려하는 방법이다. 역시 잊지 말아야 할 것은 <한국대학교>나 <중거리탄도유도탄>은 명사가 아니라 명사구라는 점이다.

한편 성명의 경우, 성과 이름은 반드시 붙여 쓴다. <이황>, <이율곡>, <정약용>, <박지원>과 같이 말이다. 물론 이때도 성명이 성과 이름 두 명사로 이루어진 명사구라는 점은 잊지 말아야 할 것이다. 그런데 성이 두 자이고, 성과 이름을 분명하게 구별하기 힘들 때는 띄어 쓴다. <남궁 희>, <황보 성>이 그런 예이다. 만약 이들을 <남궁희>, <황보성>으로 쓴다면 성이 각각 <남궁>과 <황보>인지, 아니면 <남>과 <황>인지 애매해진다.

실제로 국어사전을 찾아보니

소크라테스의 한 친구가 델포이 신전에서, 아테네에서 가장 지혜로운 자는 소크라테스라는 신탁을 들었다. 그 신탁을 친구로부터 전해 들은 소크라테스는 지혜롭다고 소문난 사람들을 만나 이야기를 나눠 보았다. 그리고 놀라운 사실 하나를 알게 되었다. 그들은 자신이 잘 모르고 있는 것을 매우 잘 알고 있는 듯이 말하고 있었다. 소크라테스는 이제 델포이 신전의 신탁의 의미를 알아챘다. 그리고 말했다. **"나는 내가 모르고 있음을 안다."** 널리 알려진 소크라테스의 선언이다.

국어사전을 찾아보다 보면 우리는 모두 소크라테스처럼 지혜로워진다. 왜냐하면 이렇게 말할 수 있게 되기 때문이다. "나는 내가 국어를 모르고 있음을 안다." 국어사전에는 우리가 모르는 단어가 더 많고, 우리가 알고 있다고 착각하는 단어도 그 쓰임이 우리 생각보다 훨씬 더 다양하다. 우리는 국어를 몰라도 너무 모르는 것이다. 소크라테스의 선언이 어떻게 띄어쓰기를 하고 있는지 국어사전을 찾아 가며 살펴보자.

ⓐ <나>는 1인칭 대명사이다.
ⓑ <는>은 '대조'의 뜻을 가진 보조사이다. 따라서 <나>와 붙여 쓴다.
ⓒ <내>는 <나>가 주격조사 <가>나 보격조사 <가> 앞에서 쓰이는 꼴이다. "내<가> 챔피언이다."(주격조사), "범인은 내<가> 아니다."(보격조사) 주격조사나 보격조사 등 격조사에 대해서는 6장에서 공부할 것이다. 결국 <내>는 <나>와 같은 1인칭 대명사인데, 취하는 조사가 '가'가 됨에 따라 형태가 바뀐 것이다. 어쨌든 대명사이다.
ⓓ <가>는 '행위의 주체임을 나타내는 주격조사'이다. 따라서 주어인 대명사 <내>와 붙여 쓴다.
ⓔ <모르고>는 기본형 <모르다>를 찾아야 한다. 찾아보니 '정보를 얻지 못했거나 논리적으로 해명하지 못하다'라는 뜻을 가진 동사이다.
ⓕ <있음>은 '있-음'으로 분석되는데, '있-'이 어간이고 '-음'이 어미이다. 이 '-음'은 '동사나 형용사의 어간에 붙어 그 동사나 형용사가 명사의 구실을 하도록 만드는 명사형 전성어미'이다. 문법 용어가 거창하다. 하지만 겁먹을 필요 없다. 어미의 종류에 대해서는 10장에서 상세히 공부할 것이다. 국어사전에서 <있음>은 기본형 <있다>로 찾아야 한다. 찾아보니 '동작이나 상황이 계속되거나 또는 그 결과가 지속됨을 나타내는 말'이라는 뜻의 보조 동사이다. 보조 동사가 뭔지는 잘 모르겠지만 어쨌든 동사이다. 따라서 앞의 단어 <모르고>와 띄어 쓴다. 보조 동사는 12장에서 공부할 것이다.

ⓖ <을>은 목적격조사이다. 따라서 <있음>과 붙여 쓴다. <있음>은 품사는 동사이지만 명사 구실을 한다. 그렇기 때문에 조사를 취할 수 있는 것이다.

〈2장 연습문제〉

　앞에서 남기심·고영근 교수의 《표준국어문법론》에서 인용한 글을 읽었다. 그 글을 전부 붙여 써 놓았으니, 띄어 써야 할 마디에 체크해 보자. 정답은 앞서 읽었던 인용문에서 확인하면 된다. 한편 [부록1](219쪽)에 이 문제에 대해 풀이를 해 놓았다. 이 책을 다 읽고 나야 온전히 이해할 수 있지만, 성미 급한 독자라면 지금 한번 보는 것도 나쁘지 않다.

　고유명사는특정한대상에대해붙여진이름이므로그러한속성을띤대상은오직하나밖에는없다. 서울어느동몇번지에사는'철수'라는사람은달리없으며임진왜란때왜적을물리친'이순신'또한하나뿐이고'신라, 경주'등나라나도시이름도마찬가지다.

3장

명사와 관련한 띄어쓰기_2

자립 명사와 의존 명사

　명사는 자립성 유무에 따라 자립 명사와 의존 명사, 이렇게 둘로 나눌 수도 있다. 우리가 흔히 알고 있는 명사들 대부분은 자립성을 가지고 있는, 즉 문장 내의 다양한 곳에 나타날 수 있는 자립 명사이다. 그와 반대로 자립성이 없는, 즉 문장 내에서 특별한 조건이 주어져야만 나타날 수 있는 명사는 의존 명사이다.

　우리 국어에는 의존 명사도 제법 많다. 그 많은 의존 명사 중에 '것'의 경우를 먼저 살펴보자. <것>은 '어떠어떠한'과 같은 형식으로 자신을 수식해 주는 말이 앞에 반드시 나와야 하므로 그 쓰임이 매우 제한적이다. 즉 "돈이 부족하여 살 수 있는 <것>이 별로 없었다."에서처럼 '살 수 있는'이라는 말의 수식이 있어야만 <것>은 문장 속에서 제 구실을 하는 것이다.

　이렇게 수식해 주는 말을 반드시 필요로 하다 보니, 단독으로 주어가 되거나 목적어가 되는 일이 불가능하다. 자립 명사인 <사람>의 경우 "<사람>은 이성적 동물이다."와 같이 주어로 쓰일 수도 있고, "식인종은 <사람>을 먹는다."와 같이 목적어로도 쓰일 수 있다. 하지만 의존 명사 <것>은 이런 일이 불가능하다.

　또한 의존 명사는 특별한 조사와만 결합하여 문장 내에서 특별한 역할만 할 수 있다. 예를 들어 의존 명사 <수>의 경우를 보자. "의약 분업 이후 병원에서 약을 지을 <수>가 없다."의 <수>는 조사 <가> 혹은 <는>과만 결합할 수 있다. 이번엔 의존 명사 <바람>의 경우를 보

자. "비가 갑자기 오는 <바람>에 옷이 다 젖었다."의 <바람>은 조사 <에>와만 결합할 수 있다. 한 가지 예만 더 들어 보자. "우리는 상부의 명령에 복종할 <따름>이다."의 <따름>은 서술격조사 <이다>와만 결합할 수 있다. 서술격조사 <이다>에 대해서는 6장에서 공부할 것이다.

수량 단위 의존 명사(분류사)

한편 의존 명사 중에는 특별히 수량을 나타내는 수관형사 다음에만 나타날 수 있는 특별한 종류도 있다. 이러한 의존 명사를 수량 단위 의존 명사 혹은 분류사라 한다. 수관형사는 단위를 나타내는 명사를 수식하는 관형사의 한 종류이다. 관형사에 대해서는 8장에서 공부할 것이다.
"새 한 <마리>"의 <마리>, "책 두 <권>"의 <권>, "자동차 세 <대>"의 <대>, "연필 네 <다스>"의 <다스>, "신발 다섯 <켤레>"의 <켤레>, "담배 여섯 <갑>"의 <갑>, "굴비 일곱 <두름>"의 <두름>, "바늘 여덟 <쌈>"의 <쌈>, "김 아홉 <톳>"의 <톳>, "북어 열 <쾌>"의 <쾌>. 이런 것들이 바로 수량 단위 의존 명사이다. 물론 수량 단위 의존 명사는 이 외에도 매우 많다.
<두름>은 "물고기를 한 줄에 열 마리씩 두 줄로 엮어 스무 마리씩 세는 단위"이고, <쌈>은 "바늘 스물네 개를 한 묶음으로 세는 단위"이며, <톳>은 "김을 마흔 장 혹은 백 장씩 묶은 덩이를 세는 단

위"이고, <쾌>는 "북어 스무 마리를 한 묶음으로 세는 단위"이다. 생소하다. 매우 생소하다. 아름답고 다채로운 우리 고유의 수량 단위 의존 명사들이 사라져 가고 있다. 어찌 수량 단위 의존 명사뿐일까. 작가 박남일 씨의 탄식을 읽어 보자. 그리고 이 글에서는 띄어쓰기가 어떻게 돼 있나 꼼꼼히 들여다보자.

문화선진국 프랑스는 '국어 보호법'을 제정하여 지나치다 싶을 정도로 모국어를 보호하고 있으며, 그 국민들은 일상적인 대화 가운데서도 어법을 어기게 되면 스스로 '미안하다'고 사과한 다음에 말을 바로잡는 것이 습관화되어 있다고 한다. 우리는 어떤가? 우리말의 오염된 정도를 감안하면 프랑스보다 두 배 정도는 노력을 기울여야 할 터이다. 그럼에도 우리 문화 정책을 담당하는 관료들과, 문화 권력을 행사하는 거대 언론매체들은 우리말에 대해서 그다지 관심이 있어 보이지 않는다. - 박남일.《우리말 풀이사전》.

ⓐ <지나치다 싶을>은 <지나치다싶을>과 같이 붙여 쓰지 않고 띄어 썼다.
ⓑ <어기게 되면>은 <어기게되면>과 같이 붙여 쓰지 않고 띄어 썼다.
ⓒ <바로잡는>은 <바로 잡는>과 같이 띄어 쓰지 않고 붙여 썼다.
ⓓ <바로잡는 것>은 <바로잡는것>과 같이 붙여 쓰지 않고 띄어 썼다.
ⓔ <습관화되어>는 <습관화 되어>와 같이 띄어 쓰지 않고 붙여 썼다.
ⓕ <두 배>는 <두배>와 같이 붙여 쓰지 않고 띄어 썼다.
ⓖ <할 터>는 <할터>와 같이 붙여 쓰지 않고 띄어 썼다.
ⓗ <터이다>는 <터 이다>와 같이 띄어 쓰지 않고 붙여 썼다.

의존 명사와 관련한 띄어쓰기

　여러 가지로 불완전하지만 의존 명사도 당당한 명사임에는 틀림없다. 따라서 반드시 앞뒤에 오는 단어와 띄어 써야 한다. 그런데 문제는 그것이 만만치 않다는 점이다. 예를 들어 "그는오늘올지모른다."와 "그가온지3년이되었다." 이 두 문장을 제대로 띄어 쓰고, 왜 그렇게 띄어 써야 하는지 설명하는 것은 결코 쉬운 일이 아니다.
　이 두 문장은 "그는 오늘 <올지> 모른다."와 "그가 온 <지> 3년이 되었다."와 같이 띄어 써야 한다. 앞의 문장에서 <올지>는 <오->라는 어간에 <-ㄹ지>라는 어미가 붙은 동사, 즉 하나의 단어이므로, <올지>와 같이 붙여 써야 한다. 그에 반해 뒤의 문장에서 <온지>는 '온 행위 이후에'라는 뜻을 가지며, 이때 <지>는 의존 명사이다. 따라서 동사 <온>과 의존 명사 <지>는 띄어 써야 한다.
　이 외에도 의존 명사를 하나의 어미쯤으로 생각해 앞에 오는 동사나 형용사에 붙여 쓰는 일도 흔히 하는 실수이다. <것>이나 <수>를 앞 단어와 붙여 쓰는 일이 특히 흔하다. "그 일은 과장님이 처리하신<것>입니다." 혹은 "내가 그 일을 할<수> 있으리라고는 생각지 못했었다." 등이 그러한 예라 할 수 있다. 이들 문장은 "그 일은 과장님이 처리하신 <것>입니다."와 "내가 그 일을 할 <수> 있으리라고는 생각지 못했었다."와 같이 띄어 써야 옳다.
　한편 수량 단위 의존 명사의 경우도 앞의 수관형사와 띄어 쓰는 것이 원칙이다. 그런데 수관형사가 아라비아숫자인 경우는 붙여 쓴다. 즉

"책 두 권"과 "자동차 세 대"일 때와 달리 "책 2권"과 "자동차 3대"의 경우는 수관형사와 수량 단위 의존 명사를 붙여 쓰는 것이다. 다분히 시각적인 이유 때문이다. "자동차 3 대"보다는 "자동차 3대"가 시각적으로 더 명료하게 읽힌다.

실제로 국어사전을 찾아보니

이제는 시대가 바뀌어 두꺼운 국어사전을 지니고 있지 않아도 된다. '다음'이나 '네이버' 같은 주요 포털 사이트에는 놀라울 정도로 풍요로운 사전이 구비돼 있다. 더욱이 스마트폰이 보급되면서는 어느 장소에서나 이들 사이트에 들어가 국어사전을 쉽게 이용할 수 있다.

하지만 양질의 국어사전을 손쉽게 이용할 수 있게 되었다고 해서 국어사전의 진정한 가치마저 손쉽게 얻을 수는 없다. 노력하는 사람에게만 국어사전은 기꺼이 자신의 가치를 내어 준다. 그리스의 비극 시인 에우리피데스가 경계하지 않았던가. **"약간의 노력으로 좋은 결과를 얻고자 하는 것은 어리석다."** 에우리피데스의 이 문장이 어떻게 띄어쓰기를 하고 있는지 국어사전을 찾아 가며 살펴보자.

ⓐ <약간>은 '정도나 양 따위가 많지 않음'을 뜻하는 명사이다.
ⓑ <의>는 조사이다. 따라서 <약간>에 붙여 쓴다. 관형격조사 <의>는 생각보다 아주 다양한 기능을 갖는다. 국어사전이 보여주는

그 다양함에 놀라지 않을 수 없다. 관형격조사에 대해서는 6장에서 공부할 것이다.

ⓒ <좋은>은 형용사로서, 어간 '좋-'에 관형사형 어미 '-은'이 결합되었다. 관형사형 어미에 대해서는 10장에서 공부할 것이다.

ⓓ <를>은 목적격조사이다. 관형격조사 <의>와 마찬가지로 그 쓰임은 다양하다.

ⓔ <얻고자>는 동사로서, 어간 '얻-'에 '행동의 의도나 소망, 목적 따위를 나타내는' 어미 '-고자'가 결합되었다.

ⓕ <하는>은 동사로서, 어간 '하-'에 관형사형 어미 '-는'이 결합되었다.

ⓖ <것>은 명사, 그 중에서도 의존 명사로서, 앞의 말과 띄어 쓴다. 의존명사이므로 '약간의 노력으로 좋은 결과를 얻고자 하는'의 수식에 의존해야만 문장에서 쓰일 수 있다.

〈3장 연습문제〉

　앞에서 박남일 씨의 《우리말 풀이사전》에서 인용한 글을 읽었다. 그 글을 전부 붙여 써 놓았으니, 띄어 써야 할 마디에 체크해 보자. 정답은 앞서 읽었던 인용문에서 확인하면 된다. 한편 [부록1](222쪽)에 이 문제에 대해 풀이를 해 놓았다. 이 책을 다 읽고 나야 온전히 이해할 수 있지만, 성미 급한 독자라면 지금 한번 보는 것도 나쁘지 않다.

　문화선진국프랑스는'국어보호법'을제정하여지나치다싶을정도로모국어를보호하고있으며, 그국민들은일상적인대화가운데서도어법을어기게되면스스로'미안하다'고사과한다음에말을바로잡는것이습관화되어있다고한다. 우리는어떤가? 우리말의오염된정도를감안하면프랑스보다두배정도는노력을기울여야할터이다. 그럼에도우리문화정책을담당하는관료들과, 문화권력을행사하는거대언론매체들은우리말에대해서그다지관심이있어보이지않는다.

4장

대명사와 관련한 띄어쓰기

인칭 대명사

대명사란 앞에서 쓰인 명사를 대신하여 지시하는 말이다. 대명사는 크게 인칭 대명사와 비인칭 대명사로 나눌 수 있다. 우선 인칭 대명사부터 살펴보자. 인칭 대명사의 종류로는 크게 1인칭 대명사, 2인칭 대명사, 3인칭 대명사, 그리고 미지칭 대명사, 부정칭 대명사, 재귀 대명사 등이 있다.

1인칭 대명사 : 나, 우리, 저, 저희 등.
2인칭 대명사 : 너, 너희, 그대, 여러분 등.
3인칭 대명사 : 그, 그녀, 그들, 이이, 그이, 저이, 이분, 그분, 저분 등.
미지칭(未知稱) 대명사 : 누구.
부정칭(不定稱) 대명사 : 누구, 아무.
재귀 대명사 : 자기, 자신, 저, 제, 저희, 당신.

미지칭 대명사와 부정칭 대명사, 그리고 재귀 대명사는 각각 예문을 하나씩 들어 줘야 이해가 편할 듯하다. "거기 〈누구〉 없소?" "이 시험은 〈아무〉나 치를 수 있다." "그는 〈자신〉의 단점을 잘 알고 있다." 이때 〈누구〉는 아직 알 수 없는 사람이니 '미지칭 대명사'이고, 〈아무〉는 누구인지 알 수는 없지만 그 누구든 괜찮으니 '부정칭 대명사'이며, 〈자신〉은 앞에 나온 주어(그)를 다시 지시하므로 '재귀 대명사'이다.

'미지(아직 안 정해짐)칭'이니, '부정(특별히 정하지 않음)칭'이니, '재귀'니, 하는 문법 용어들이 쏟아져 나오니 정신이 없다. 사실 모든 분야에 입문할 때 가장 큰 장벽은 역시 그 분야의 전문 용어이다. 새로운 분야에 입문하는 일종의 예의라 생각해 두자. 로마에 가면 로마의 법을 따르는 것이 예의이다.

하나의 예로 정신분석의 창시자인 프로이트와 그의 제자들이 쓴 책을 공부하는 학생들은 난해한 용어들 때문에 곤혹을 치른다. 하지만 그 학생들이 만약 현명하다면, 프랑스의 철학자 장 라플랑슈와 장 베르트랑 퐁탈리스가 함께 쓴 《정신분석 사전》에서 인용한 다음 글의 의미를 깨닫고, 정신분석에 대한 예의를 갖출 것이다. 띄어쓰기에 유념하며 우리도 함께 읽어 보자.

정신분석에 대한 반감은 가끔 그 어휘에 대한 야유의 형태로 나타난다. (…) 그러나 정신분석은 다른 직업이나 학문처럼 그것에 고유한 용어가 필요하다. 정신분석은 연구와 치료를 위한 새로운 방법이자 심리 장치의 정상적이고 병리적인 작용에 대한 이론인데, 어떻게 새로운 발견과 개념이 새로운 용어의 힘을 빌리지 않고 공식화될 수 있겠는가? - 장 라플랑슈·장 베르트랑 퐁탈리스.《정신분석 사전》.

ⓐ <그 어휘>는 <그어휘>와 같이 붙여 쓰지 않고 띄어 썼다.
ⓑ <정상적>은 <정상 적>과 같이 띄어 쓰지 않고 붙여 썼다.
ⓒ <정상적이고>는 <정상적 이고>와 같이 띄어 쓰지 않고 붙여 썼다.
ⓓ <공식화될>은 <공식화 될>과 같이 띄어 쓰지 않고 붙여 썼다.

ⓔ <공식화될 수>는 <공식화될수>와 같이 붙여 쓰지 않고 띄어 썼다.

비인칭 대명사

인칭 대명사와 달리 비인칭 대명사에는 사물 대명사, 공간 대명사가 있다. 사물 대명사는 앞에서 쓰인 사물을 대신하여 지시하는 말로서, "<이것>, <그것>, <저것>, <무엇>, <아무것>" 등이 있다. 한편 공간 대명사는 앞에서 쓰인 공간을 대신하여 지시하는 말로서, "<이곳>, <그곳>, <저곳>, <여기>, <거기>, <저기>, <이편>, <그편>, <저편>, <어디>" 등이 있다.

비인칭 대명사 중에서 "<이것>, <그것>, <저것>"이 사물 대명사이고, "<이곳>, <그곳>, <저곳>"이 공간 대명사라면, "<이때>, <그때>, <저때>"라는 시간 대명사도 있어야 하지 않나, 하는 의문이 든다. 하지만 거의 모든 국어사전에서는 "<이때>, <그때>, <저때>"를 대명사가 아니라 명사로 등재해 놓고 있다. 이게 무슨 일인가?

해답은 명사나 대명사의 차이가 그리 크지 않다는 데 있다. 더 구체적으로 말하면 '앞에 쓰인 명사를 지시하는' 대명사란 존재가 사실 별로 필요하지 않다는 말이다. 이는 국어의 특징이기도 하다. 예를 들어 보자. "<철수>는 낙관적이다. <그>는 이번 시험 결과에 그다지 마음 졸이지 않는다."라는 두 문장이 있다고 치자. 뒤의 문장에서 대명사 <

그>는 <철수>를 지시한다. 하지만 굳이 <철수> 대신 <그>를 써야만 하는가? 그냥 "<철수>는 낙관적이다. <철수>는 이번 시험 결과에 마음 졸이지 않는다."와 같이 쓴다면 독자들이 이해하는 데 무슨 문제라도 생기는가? 그저 <철수>라는 명사가 두 번 반복되어 다소 지루한 감을 줄 뿐이다.

예를 하나 더 들어 보자. "어머니는 아버지를 매우 늦은 나이에 만나셨습니다. 그래서 어머니는 저를 마흔이 넘어 낳으셨습니다. 저는 그래서 어머니가 할머니 같기도 합니다." 이 세 문장에서 '어머니'는 '그녀'나 '그분'과 같은 대명사로 대체되지 않는다. 만약 다음과 같이 대체된다면 매우 이상하게 생각될 것이다. "어머니는 아버지를 매우 늦은 나이에 만나셨습니다. 그래서 그녀는 저를 마흔이 넘어 낳으셨습니다. 저는 그래서 그녀가 할머니 같기도 합니다."

이상의 예들과 같이 "미국의 남북전쟁은 1861년에 일어났다. <이때>에 미국의 대통령은 링컨이었다."나 "미국의 남북전쟁은 1861년에 일어났다. 1861년에 미국의 대통령은 링컨이었다." 이 둘의 차이도 그렇게 크지는 않다.

결론적으로 말하면, "이때, 그때, 저때"를 명사로 보든, 대명사로 보든 그것은 별로 중요하지 않다. 그러니 불필요한 고민에 시간과 정력을 허비할 필요는 없다. 그냥 "이때, 그때, 저때"를 명사로 인정하고, 글을 쓰고 읽을 때는 대명사처럼 생각하면 된다.

대명사와 관련한 띄어쓰기

 대명사와 관련한 띄어쓰기에서 주의할 단 하나의 사항은 대명사는 어디까지나 하나의 단어라는 점이다. 그런데 글을 읽고 쓰다 보면 둘 이상의 단어들이 마치 대명사처럼 기능하는 경우가 많다.
 "저기 쇼리가 오네요. <저 학생>은 '핑콜'이라는 걸 그룹의 멤버예요." 앞의 문장에서 쓰인 <쇼리>를 대신 지시하는 말이 뒤의 문장의 <저 학생>이다. <저 학생>은 분명히 대명사로서의 기능을 하고 있지만, 대명사는 아니다. 따라서 <저학생>과 같이 붙여 써서는 안 된다. 나중에 8장에서 공부하게 되겠지만, <저>는 '지시관형사'로서 관형사의 하나이다. 결국 <저 학생>은 두 단어이기 때문에 띄어 써야 하는 것이다.

실제로 국어사전을 찾아보니

 띄어쓰기 공부를 위해서는 문법 지식을 쌓아야 하는데, 이때 문법 용어는 일종의 공포로 다가온다. 하지만 실제로 띄어쓰기에 유념하면서 글을 쓰고 읽고, 국어사전을 찾아보는 습관을 익혀 간다면, 우리는 문법 용어에 대한 공포감을 제압할 수 있다.
 프랑스의 우화 작가 라퐁텐은 **"멀리 있으면 공포를 느끼지만, 가까이 올수록 그렇지 않다."**는 절묘한 명언을 남겼다. 지금 띄어쓰기 공부를 하며 문법 용어에 두려움을 느끼고 있는 우리의 경우, '가까이 올수록'의 뜻은 '실제로 국어사전을 벗하여 글을 쓰고 읽는 습관을 들일수록'이다. 라퐁텐의 명언이 띄어쓰기를 어떻게 하고 있는지 국어사전을 찾아가며 살펴보자.

ⓐ <멀리>는 '어떤 지점에서부터 거리가 꽤 많이 떨어지게'의 뜻을 가진 부사이다. 당연히 뒤의 말 '있으면'과 띄어 쓴다.
ⓑ <올수록>은 어간 <오->에 어미 <-ㄹ수록>이 결합된 동사의 활용형이다. 한 단어이므로 <올 수록>과 같이 띄어 쓰지 않고 붙여 쓴다.
ⓒ <그렇지>는 어간 <그렇->에 보조적 연결 어미 <-지>가 붙은 활용형이다. 보조적 연결 어미는 어미의 한 종류이다. 연결 어미에 대해서는 10장에서 공부할 것이다.
ⓓ <않다>는 형용사의 보조적 연결 어미 '-지' 뒤에 쓰여, '앞의 말이 뜻하는 상태를 부정하는 뜻'을 가진 보조 형용사이다. '보조 형용사', '보조 동사', 이 둘을 보조 용언이라 하는데, 이에 대해서는 12장에서 공부할 것이다.

〈4장 연습문제〉

앞에서 장 라플랑슈·장 베르트랑 퐁탈리스의 《정신분석 사전》에서 인용한 글을 읽었다. 그 글을 전부 붙여 써 놓았으니 띄어 써야 할 마디에 체크를 해 보자. 정답은 앞서 읽었던 인용문에서 확인하면 된다. 한편 [부록1](223쪽)에 이 문제에 대해 풀이를 해 놓았다. 이 책을 다 읽고 나야 온전히 이해할 수 있지만, 성미 급한 독자라면 지금 한번 보는 것도 나쁘지 않다.

정신분석에대한반감은가끔그어휘에대한야유의형태로나타난다. (…) 그러나정신분석은다른직업이나학문처럼그것에고유한용어가필요하다. 정신분석은연구와치료를위한새로운방법이자심리장치의정상적이고병리적인작용에대한이론인데, 어떻게새로운발견과개념이새로운용어의힘을빌리지않고공식화될수있겠는가?

5장

수사와 관련한 띄어쓰기

양수사

수사는 사물의 수량이나 차례를 가리키는 품사다. 수량을 가리키는 수사를 양수사, 차례를 가리키는 수사를 서수사라 한다. 수사는 양수사든 서수사든 고유어 계통이 있고 한자어 계통이 있다. 우선 양수사부터 살펴보자.

"하나, 둘, 셋, (…) 아홉, 열, 열하나, 열둘, 열셋, 스물, 서른, (…) 아흔, (…) 아흔아홉." 이상이 고유어 계통의 양수사들이다. 이에 해당하는 한자어 계통의 수사들은 "일, 이, 삼, (…) 구, 십, 십일, 십이, 십삼, 이십, 삼십, (…) 구십, (…) 구십구."이다.

현대국어에서 고유어 계통의 양수사는 '아흔아홉' 까지밖에 없다. 백부터는 한자어 계통의 수사이거나 한자어가 포함된 수사이다. 예를 들어 "백, 천, 만, 십만, 백만, 천만, 억" 등은 한자어 계통이고, "백하나, 백둘, 백셋, 천이백스물둘, 천이백스물셋" 등은 한자어와 고유어가 섞인 수사의 예이다.

한편 양수사에는 개략적인 수량을 나타내는 수사도 많다. "한둘, 두셋, 서넛, 서너댓, 너덧, 대여섯, 예닐곱, 몇, 여남은" 등이 그러한 수사이다. '여남은'은 '열보다 조금 더 되는 수'를 가리킨다. 하지만 '조금 더 남는 정도'를 뜻하는 '남짓(의존명사)'이나 '수량을 대강 어림쳐서 나타내는 말'인 '가량(명사)'을 동반하는 말, 예를 들면 '스물 남짓, 오십 가량'은 두 단어이므로 수사가 아니다.

서수사

"첫째, 둘째, 셋째, (…) 아홉째, 열째, 열한째, 열두째, 열셋째, (…) 스무째, 서른째, (…) 아흔째, (…) 아흔아홉째." 이상이 고유어 계통의 서수사들이다. 이에 해당하는 한자어 계통의 서수사들은 "제일, 제이, 제삼, (…) 제구, 제십, 제십일, 제십이, 제십삼, (…) 제이십, 제삼십, (…) 제구십, (…) 제구십구"이다.

고유어 계통은 '아흔아홉째'가 마지막이고, "한두째, 두어째, 여남은째."와 같이 개략적인 수를 나타내는 수사도 있다는 점은 양수사의 경우와 마찬가지이다. 주의할 사항은 의존명사 '번째'와 함께 쓰이는 "첫 번째, 두 번째, 열 번째." 등은 두 단어이므로 서수사가 아니라는 점이다.

수사와 관련한 띄어쓰기

1989년부터 시행된 《한글맞춤법》에는 수사와 관련한 띄어쓰기 조항이 단 한 개 나온다. 그 조항은 다음과 같다. "수를 적을 적에는 '만(萬)' 단위로 띄어 쓴다." 예를 들어 <1,234,567,898>은 <십이억 삼천사백오십육만 칠천팔백구십팔> 혹은 <12억 3456만 7898>과 같이 만 단위로 띄어 쓰라는 말이다.

하지만 은행이나 부동산 중개소 같은 곳에서, 금액의 변조를 막기 위해 수사를 만 단위로 띄어 쓰지 않고 '십이억삼천사백오십육만칠천팔백구십팔 원정'과 같이 붙여 써야 할 경우도 있다. 이는 띄어쓰기의 방식이라기보다는 위조방지책이라 해야 옳겠지만, 일상생활에서는 얼마든지 일어난다. 그 밖에 수와 관련한 말에는 복잡한 문제들이 많이 일어난다. 관형사를 다루는 8장에서 수관형사를 설명할 때 다시 이야기될 것이다.

수사와 관련한 띄어쓰기는 그 외에도 몇 가지 설명이 더 필요하다. 앞서 양수사와 서수사를 설명하면서 수사처럼 보이지만 실제로는 수사가 아닌 말이 있음을 지적했었다. 또 다른 경우를 들어 보자. 접두사 <수-> 가 수사에 붙어 새로운 수사를 만들 경우에는 붙여 쓴다. 예를 들어 <수십만>이나 <수백만>과 같이 붙여 쓰지, <수 십만>이나 <수 백만>과 같이 띄어 쓰지 않는다. '접두사'란 무엇이고, '접두사'에 의해 어떻게 새로운 단어가 만들어지는지는 15장에서 공부할 것이다.

현실적으로 글을 쓰는 이들이나 독자들이 띄어쓰기를 포함한 제반 어문 규정을 익히는 데는 국가에서 고시하는 어문 규정만으로는 부족하다. 따라서 좋은 책을 많이 출간하는 이름 있는 출판사의 편집부는 나름대로의 내규들을 갖고 있다. 출판사 '열린책들' 편집부에서는 2008년에 《열린책들 편집 매뉴얼》을 출간함으로써 자신들의 내규를 공개했고, 매년 증보판을 내 왔다. 매우 바람직한 일이라 하겠다. 이 책의 머리말 첫 대목이 인상적이라 소개한다.

미국 작가 스티븐 킹은 <저술은 인간이, 편집은 신이 한다>라고 말했습니다. 저술은 때로 모험과 도전일 수 있지만, 편집은 언제나 100퍼센트 완성도를 향한 끝없는 노력이기 때문입니다. - 열린책들 편집부.《열린책들 편집 매뉴얼》.

열린책들 편집부 직원들께 박수를 보낸다. 물론 한 출판사의 매뉴얼은 어디까지나 그들만의 한 그루 나무이다. 하지만 모든 출판사들이 성실하게 매뉴얼을 만들어 낸다면 그러한 노력의 결과는 무성한 숲을 이룰 것이다. 우리들의 어문 생활을 보다 합리적이고 풍요롭게 만들어 줄 그런 숲 말이다. 위에 소개한 인상적인 문장이 어떻게 띄어쓰기를 하고 있는지 살펴보자.

ⓐ 〈미국 작가〉는 〈미국작가〉와 같이 붙여 쓰지 않고 띄어 썼다.
ⓑ 〈스티븐 킹〉은 〈스티븐킹〉과 같이 붙여 쓰지 않고 띄어 썼다.
ⓒ 〈라고〉는 앞의 문장에 붙여 썼다.
ⓓ 〈도전일〉은 〈도전 일〉과 같이 띄어 쓰지 않고 붙여 썼다.
ⓔ 〈도전일 수〉는 〈도전일수〉와 같이 붙여 쓰지 않고 띄어 썼다.
ⓕ 〈100퍼센트〉는 〈100 퍼센트〉와 같이 띄어 쓰지 않고 붙여 썼다.
ⓖ 〈끝없는〉은 〈끝 없는〉과 같이 띄어 쓰지 않고 붙여 썼다.
ⓗ 〈노력이기 때문〉은 〈노력이기때문〉과 같이 붙여 쓰지 않고 띄어 썼다.
ⓘ 〈때문입니다〉는 〈때문 입니다〉와 같이 띄어 쓰지 않고 붙여 썼다.

실제로 국어사전을 찾아보니

우리는 **"사람은 책을 만들고, 책은 사람을 만든다."** 는 격언을 잘 알고 있다. 띄어쓰기도 어차피 책이라는 매개를 통해 글을 쓰는 이와 독자 사이에 이루어지는 약속이다. 이 약속을 잘 지키기 위해서는, 그래서 위의 격언대로 우리에게 책이 띄어쓰기의 중요한 교본이 되려면, 출판사 편집부의 분투가 계속 필요하다. 그들에게 격려를 보내면서, 위의 격언이 어떻게 띄어쓰기를 하고 있는지, 국어사전을 찾아 가며 살펴보자.

ⓐ <사람>의 뜻은 첫째, '두 발로 서서 다니고 언어와 도구를 사용하며, 문화를 향유하고 생각과 웃음을 가진 동물'이다. "사람과 동물 사이에는 분명한 차이가 있다."의 경우가 그렇다. 둘째, '지역이나 단체를 나타내는 명사 뒤에 쓰여 그 지역이나 단체 출신임을 나타내는 말'이다. "나는 서울 사람이다."의 경우가 그렇다. 셋째, '일정한 품격이나 자격을 갖추고 도리를 아는 완성된 인격적 존재'이다. "너는 언제나 사람 될래?"의 경우가 그렇다. 대여섯 가지 더 있지만 이쯤에서 멈춘다. 우리는 <사람>이라는 명사에 대해 잘 모르고 살아온 것이다.
ⓑ <은>은 보조사이므로 <사람>에 붙여 쓴다.
ⓓ <만든다>는 동사다. 어간 <만들->에 어미 <-ㄴ다>가 결합되어 만들어진 활용형이다. 그런데 그 결합 과정에서 어간 <만들-> 중 <ㄹ>이 없어졌다. 어간 마지막 받침이 'ㄹ'일 경우 'ㄴ'으로 시작하는 어미를 만나면 'ㄹ'은 항상 탈락한다.

〈5장 연습문제〉

　앞에서 열린책들 편집부에서 엮은 《열린책들 편집 매뉴얼》에서 인용한 글을 읽었다. 그 글을 전부 붙여 써 놓았으니 띄어 써야 할 마디에 체크를 해 보자. 정답은 앞서 읽었던 인용문에서 확인하면 된다. 한편 [부록1](224쪽)에 이 문제에 대해 풀이를 해 놓았다. 이 책을 다 읽고 나야 온전히 이해할 수 있지만, 성미 급한 독자라면 지금 한번 보는 것도 나쁘지 않다.

　미국작가스티븐킹은〈저술은인간이, 편집은신이한다〉라고말했습니다. 저술은때로모험과도전일수있지만, 편집은언제나100퍼센트완성도를향한끝없는노력이기때문입니다.

6장

조사와 관련한 띄어쓰기_1

문장 성분

어떤 말이 문장 내에서 갖는 자격을 문장 성분이라 한다. 이 자격은 주어, 서술어, 목적어, 보어, 관형어, 부사어, 독립어로 나누는데, 이들이 바로 문장 성분이다. 차례차례 살펴보도록 하자.

(1) 주어와 서술어

주어는 문장 내에서 서술어가 나타내는 동작이나 상태의 주체가 되는 문장 성분으로서 주로 주격조사 <이/가>를 취한다. 거꾸로 서술어는 주어의 동작이나 상태, 그리고 성질 등을 나타내는 문장 성분이다. 서술어는 "이곳이 런던이다."의 경우처럼 서술격조사 <이다>를 취하기도 한다. 특별한 경우를 제외하고 모든 문장은 주어와 서술어를 필수적으로 가진다.

"저기 철수가 온다."에서 '철수가'가 주어이고, '온다'가 서술어이다. 주의할 사항은 '철수'가 아니라 주격조사를 취한 '철수가'가 주어라는 점이다. 동사 '온다'는 주어의 동작을 서술한다. "요즘 영희가 아프다."에서는 형용사 '아프다'가 주어인 '영희가'의 상태를 서술하고, "고래는 포유류이다."에서는 명사에 서술격 '이다'가 붙은 구조인 '포유류이다'가 주어인 '고래는'의 성질을 서술한다.

주어와 서술어는 때로 매우 긴 말일 수도 있다. 예를 들어 보자. "1등에게 상금 3억 원이 수여된다는 사실이 이번 오디션 참가자들의 수준을 높였다." 이 문장에서 주어는 '1등에게 상금 3억 원이 수여된다는 사실이'이고, '이번 오디션 참가자들의 수준을 높였다'가 서술어이다.

    사실 우리가 책이나 신문에서 흔히 접하는 문장들 중 대부분은 주어와 서술어를 어디서부터 어디까지로 잡아야 할지 모를 정도로 긴 경우도 많다. 또한 큰 문장 속에 작은 문장이 들어 있는 경우도 많아, 주어와 서술어가 둘 이상일 때도 있다. "나는 네가 시험에 합격했다는 사실을 이미 알고 있다."의 경우, 작은 문장 '네가 시험에 합격했다'가 큰 문장 '나는 ~는 사실을 이미 알고 있다' 속에 들어 있는 셈이다. 이때 주어와 서술어는 각각 둘씩 등장한다.

(2) 목적어

    목적어는 서술어가 타동사일 때, 타동사의 움직임의 대상이 되는 문장 성분으로서 일반적으로 목적격조사 <을/를>을 취한다. 예를 들어 "영희가 피자를 먹는다."에서 서술어 '먹는다'의 대상이 되는 '피자를'이 목적어이다. 역시 주의할 사항은 '피자'가 아니라 '피자를'이 목적어라는 점이다. 참고로 타동사란 대상이 필요한 움직임을 나타내는 동사로서, 대상이 필요하지 않은 움직임을 나타내는 자동사와 구분된다. 예를 들어 '먹다'는 먹는 대상이 필요하지만 '일어나다'는 일어나는 대상이 불필요하다. 따라서 '먹다'는 타동사, '일어나다'는 자동사이다.

    목적어도 주어나 서술어와 마찬가지로 매우 긴 말이 될 수 있다. 예를 들어 "나는 철수가 이번 시합에서 이겼다는 사실을 몰랐다."의 경우 서술어 '몰랐다'의 목적어는 '철수가 시합에서 이겼다는 사실을'이다.

(3) 보어

　목적어는 주어와 서술어 둘 가지고서는 최소한의 문장조차 되지 않을 때, 즉 서술어가 타동사일 때, 더 있어야 할 필수적인 성분이었다. 국어에는 주어와 서술어만으로는 최소한의 문장이 안 되는 경우가 하나 더 있다. 바로 그때 있어야 할 필수적인 성분이 보어이다. 하지만 이렇게 보어를 정의할 경우, 보어의 범위가 너무 넓어질 가능성이 있어, 학생들에게 가르치는 소위 학교문법에서는 보어를 단 두 가지로 한정하고 있다.
　첫째 "영희는 숙녀가 되었다."와 같이 "A는 B가 되다." 구조의 문장에서 'B가'가 바로 보어이다. 둘째 "영희는 대학생이 아니다."와 같이 "M은 L이 아니다." 구조의 문장에서 'L이'가 바로 보어이다. 즉 '숙녀가'와 '대학생이'가 보어인 것이다. 그리고 이 보어를 보어로 만들어 주는 <이/가>를 보격조사라 한다. 이 경우도 주의할 사항은 '숙녀'와 '미성년자'가 아니라 '숙녀가'와 '미성년자가'가 보어라는 점이다.

(4) 관형어

　관형어는 체언으로 된 주어, 목적어, 보어 같은 문장 성분 앞에서 그것을 꾸며 주는 문장 성분이다. 예를 들어 "우리는 은사님의 강연을 들었다."에서 '은사님의'는 목적어 '강의를'을 꾸며 주는 관형어이다. '은사님의'는 체언인 '은사님'에 관형격조사 <의>가 결합된 것이다.
　그러나 대부분의 관형어는 동사나 형용사의 관형사형이다. '동사나 형용사의 관형사형'이란? 나중에 동사와 형용사를 공부할 때 자세히 설명하겠지만 가벼운 설명쯤은 이 자리에서 필요할 것 같다.

동사나 형용사는 합해서 용언이라 부른다. 용언은 어간에 어미가 붙어 활용을 한다. 이때 활용형은 어간과 어미로 나누어진다. 여기서 의미적으로는 어간이 중요하지만 문장 성분 면에서는 어미가 절대적인 권한을 갖는다. 예를 들어 '예쁜'은 어간 '예쁘-'에 어미 '-ㄴ'이 결합된 활용형이다. 이때 어미 '-ㄴ'을 관형사형 어미라 부른다. 이 어미가 어간에 붙으면 그 용언은 마치 관형사(명사를 수식하는 품사)처럼 문장 성분이 관형어가 되기 때문이다. 따라서 예를 들어 "그 디자이너는 도리어 예쁜 모델을 싫어한다."에서 '예쁜'은 목적어 '모델을'을 수식하는 관형어이다.

한편 관형어도 제법 긴 말일 수 있다. 예를 들어 "사회학적으로 설명하기 힘든 일들이 요즘 우리나라 사회에서 자주 일어난다."에서는 '사회학적으로 설명하기 힘든'이 주어인 '일들이'를 꾸며 주는 관형어이다. 실제로 책에서 우리가 접할 수 있는 문장에서는 이보다 훨씬 더 긴 관형어도 많이 볼 수 있다.

물론 체언 앞에서 그 체언을 수식하는 품사인 관형사도 전형적인 관형어이다. "새 집이 깨끗하다."의 관형사 '새'는 수식하는 체언을 포함하는 주어인 '집이'를 수식하고, "그녀는 미국에서 여러 대학교를 다녔다."의 관형사 '여러'는 수식하는 체언을 포함하는 목적어인 '대학교를'을 수식하며, "내가 갖고 싶은 것은 저 가방이 아니다."의 '저'는 수식하는 체언을 포함하는 보어인 '가방이'를 수식한다. 관형사에 대해서는 8장에서 공부할 것이다.

(5) 부사어

부사어는 서술어를 꾸며 주는 문장 성분이다. "이곳이 런던이다."와 같이 서술어가 서술격조사 <이다>를 포함한 '런던이다'인 경우, "이곳이 바로 런던이다."에서와 같이 '바로' 같은 말이 부사어일 수 있다. 하지만 서술어 중 대부분은 동사나 형용사이므로, 부사어는 대부분의 경우 서술어 동사나 서술어 형용사를 수식한다.

예를 들어 "영희는 빨리 뛰었다"에서 '빨리'는 서술어인 동사 '뛰었다'를 꾸며 주는 부사어이고, "철수는 무척 피곤했다."에서 '무척'은 서술어인 형용사 '피곤했다'를 꾸며 주는 부사어이다. 이상 부사어의 예로 들었던 '바로', '빨리', '무척'은 모두 부사이다. 부사에 대해서는 9장에서 공부할 것이다.

한편 "철수는 선물을 영희에게 줬다."에서 '영희에게'는 '줬다'를 수식하므로 부사어인데, 그 구성이 '체언+에게'로 되어 있다. 이때 <에게>를 부사격조사라 한다. 예를 하나 더 들자면, "형은 무역회사에 다닌다."라는 문장에서 부사어 '무역회사에'의 <에> 역시 부사격조사이다.

(6) 독립어

독립어는 문장 중의 어느 성분과도 직접적인 관련이 없는 독립된 성분이다. 독립어에는 감탄사(아!), 부르는 말(철수야), 접속 부사(그러나, 그러므로, 그런데), 이 셋이 해당한다. 부르는 말의 경우 "철수야, 밥 먹자"에서처럼 체언(철수)에 호격조사 <야>가 붙은 '철수야'가 독립어가 된다. 접속 부사에 대해서는 9장에서 공부할 것이다.

격조사

　조사는 체언 뒤에 붙어 문장 내의 다른 말과의 문법적 관계를 나타내거나, 특별한 뜻을 부여하기도 하는 품사이다. 조사는 크게 격조사, 보조사, 접속조사로 나눌 수 있는데, 앞에서 문장 성분을 살펴보면서 격조사에 대해서는 더불어 알게 되었다. 문장 성분과 격조사, 이 두 마리 토끼를 모두 잡은 셈이다. 격조사를 일목요연하게 정리해 보자. 보조사와 접속 조사에 대해서는 다음 장에서 살펴보게 될 것이다.

주격 조사 : 이/가
서술격 조사 : 이다
목적격 조사 : 을/를
보격 조사 : 이/가
관형격 조사 : 의
부사격 조사 : 에, 에게, 에서, 로서, 로써 등
호격 조사 : 야, (이)여 등

격조사와 관련한 띄어쓰기

　띄어쓰기의 대원칙은 "단어와 단어는 띄어 쓴다. 다만 조사는 앞의 체언에 붙여 쓴다."였다. 따라서 격조사는 대원칙대로 앞의 체언에 붙여 쓰기만 하면 된다. 하지만 서술격조사 <이다>만큼은 좀더 설명이 필요할 것 같다. 다른 격조사와 달리 매우 이질적인 성격을 갖고 있기 때문이다.

우선 <이다>는 용언, 즉 동사나 형용사처럼 활용을 한다. 즉 <이다>의 '이-'가 어간이고 '-다'가 어미인데, '-다' 말고 "-니, -고, -므로, -지만, ㅂ니다, -었다" 등 다양한 어미를 취할 수 있다. 이는 다른 모든 격조사와 형태적으로 완전히 다른 점이다.

이렇듯 용언과 비슷한 성격을 갖다 보니 국어 사용자들은 서술격조사 <이다>를 조사가 아닌 용언으로 오해해 "조사는 앞의 체언에 붙여 쓴다."는 원칙을 어기고 "이곳에서는 <금연 입니다>."와 같이 띄어 쓰는 실수를 범하기 쉽다. 이는 국어 사용자들의 잘못이라기보다는 서술격조사 <이다>를 조사의 하나로 보는 다소 불완전한 문법 체계 때문일 것이다. 남기심·고영근 교수도, 이런 사정에 대해 다음과 같이 쓰고 있다. 띄어쓰기를 고려하면서 읽어 보자.

서술격조사는 체언으로 하여금 주어의 내용을 지정·서술하는 기능을 갖도록 해 준다. 이런 점을 중시하여 '이다'를 지정사(   ) 또는 잡음씨라고 부르는 일도 있으나 이곳에서는 그 비자립적 성격을 고려하여 조사로 보기로 하였으므로 격조사의 한 갈래로 간주하게 되었다. - 남기심·고영근.《표준국어문법론》.

ⓐ <체언으로 하여금>은 <체언으로하여금>과 같이 붙여 쓰지 않고 띄어 썼다.
ⓑ <서술하는>은 <서술 하는>과 같이 띄어 쓰지 않고 붙여 썼다.

ⓒ <해 준다>는 <해준다>와 같이 붙여 쓰지 않고 띄어 썼다.

ⓓ <이런 점>은 <이런점>과 같이 붙여 쓰지 않고 띄어 썼다.

ⓔ <비자립적>은 <비 자립적> 혹은 <비자립 적>과 같이 띄어 쓰지 않고 붙여 썼다.

ⓕ <한 갈래로>는 <한갈래로>와 같이 붙여 쓰지 않고 띄어 썼다.

실제로 국어사전을 찾아보니

"이탈리아 미술가들은 그림을 그릴 때 '어떻게'뿐 아니라 '왜'도 알고 있구나!" 이탈리아 여행을 다니며, 르네상스 미술가들과 그들의 작품을 직접 접한 독일의 화가 뒤러는 이렇게 감탄했다. 당시 이탈리아의 거장들은 원근법, 인체의 비례와 해부학적 구조, 인간의 몸이 움직이는 원리 등에 관한 지식을 완벽하게 정리해 놓았던 것이다.

하지만 뒤러는 기죽지 않았다. 독일로 돌아오자마자 그는 예술 이론과 실기를 두루 아우르는 일련의 수준 높은 논문들을 썼는데, 그 논문들은 이론과학과 응용과학을 접목하는 업적으로 정평이 나 있다. 그의 노력으로 독일 미술은 이탈리아 르네상스 미술과 어깨를 나란히 하게 되었다.

한 가지 띄어쓰기의 원칙을 설명하기 위해 열 가지의 문법 지식이 필요하다. 당연히 띄어쓰기에 관한 책은 어느 정도는 문법책같이 지루할 수밖에 없다. 하지만 이는 바로 뒤러가 감탄했던 '왜'를 위해서이다. 띄어쓰기의 원칙도 중요하지만 그 원칙이 왜 나오게 됐는지를 설명하기 위해서이다. 어떤 지식이든 지루한 터널 같은 곳을 언젠가는, 또 어디선가는 지나게 돼 있다. 그런 의미에서 뒤러의 감탄문을 이루는 단어들을 실제로 국어사전에서 찾아보자. 물론 띄어쓰기를 항상 염두에 두면서 말이다.

ⓐ <그릴>은 동사로서 어간 '그리-'에 관형사형 어미 '-ㄹ'이 결합된 활용형으로서 뒤의 체언을 꾸며 줄 수 있다. 이 문장에서 그 체언은 의존 명사 <때>이다.
ⓑ <때>는 의존 명사이다. 당연히 '그림을 그릴'이라는 말의 수식이 필요하다. 그리고 <그릴>과 <때>는 띄어 쓴다. 둘은 서로 다른 단어이기 때문이다.
ⓒ <뿐>은 '그것만이고 더는 없음'을 뜻하는 보조사이다.
ⓓ <도>는 '다른 것과 마찬가지로 그러함'을 뜻하는 보조사이다.
ⓔ <알고 있구나>는 <알고있구나>와 같이 붙여 쓰지 않고 띄어 썼다. 나중에 12장에서 공부하겠지만, <알고>는 본 용언이고 <있구나>는 보조 용언이다. 본 용언과 보조 용언은 원칙적으로 띄어 쓰지만 경우에 따라 붙여 쓸 수도 있다. 이 문장에서는 원칙대로 띄어 썼다.

⟨6장 연습문제⟩

앞에서 남기심·고영근 교수의 《표준국어문법론》에서 인용한 글을 읽었다. 그 글을 전부 붙여 써 놓았으니 띄어 써야 할 마디에 체크를 해 보자. 정답은 앞서 읽었던 인용문에서 확인하면 된다. 한편 [부록1](226쪽)에 이 문제에 대해 풀이를 해 놓았다. 이 책을 다 읽고 나야 온전히 이해할 수 있지만, 성미 급한 독자라면 지금 한번 보는 것도 나쁘지 않다.

서술격조사는체언으로하여금주어의내용을지정·서술하는기능을갖도록해준다. 이런점을중시하여'이다'를지정사(　)또는잡음씨라고부르는일도있으나이곳에서는그비자립적성격을고려하여조사로보기로하였으므로격조사의한갈래로간주하게되었다.

7장

조사와 관련한 띄어쓰기_2

접속조사, 그리고 그와 관련한 띄어쓰기

조사는 일반적으로 체언에 붙어 문장 내의 다른 말들과의 관계를 나타내 주거나(격조사), 말과 말을 접속해 주거나(접속조사), 특별한 뜻을 갖도록 해 준다(보조사). 문장 내의 다른 말들과의 관계를 나타내 준다는 것은 바로 주격, 서술격, 목적격, 보격, 관형격, 부사격, 호격, 이상 6가지의 격을 부여한다는 의미인데, 그러한 기능을 하는 조사는 격조사다. 격조사에 대해서는 6장에서 이미 공부하였으니, 이번 장에서는 먼저 접속조사에 대해, 그 다음에 보조사에 대해 차례로 살펴보도록 한다.

접속조사는 단어와 단어를 같은 자격으로 이어 주는 기능을 한다. 아래에 소개하는 문장들은 접속조사들이 그러한 기능을 하는 예들이라 할 수 있다.

"철수<와> 영희가 곧 초등학교에 진학한다."
"사과<하고> 배<하고> 사 오너라."
"책이<며> 노트<며> 가지런히 정리해 두었다."
"사과<에다> 배<에다> 온갖 과일들을 다 먹었다."
"머루<랑> 다래<랑> 먹고 청산에 살리라."

특이한 것은 <와/과>를 제외한 접속조사, 즉 <하고>, <며>, <에다>, <랑> 등은 접속되고 있는 체언들에 모두 붙는다는 점이다. 즉 "철수<와> 영희"에서처럼 접속조사 <와>는 '철수'에만 붙는 데 반해, "사과＜하고＞ 배＜하고＞"처럼 접속조사 ＜하고＞는 '사과'에도 붙고, '배'에도 붙는다.

접속조사도 어디까지나 조사이다. 따라서 앞의 체언과 붙여 써야 한다. 6장에서 격조사를 배울 때까지만 해도 이 당연한 원칙이 그야말로 당연하고, 지키는 것도 쉬웠다. 하지만 이번 장에서 접속조사와 보조사를 배우면서는, 이 당연한 원칙을 지키기 어려울 수도 있겠다는 생각이 들게 될 것이다. 왜냐하면 체언 다음에 어떤 말이 왔는데, 이것이 조사인지 아닌지를 알기가 쉽지 않기 때문이다.

예를 들어 "사과하고 배하고"에서 ＜하고＞가 접속조사인지 모른다면 "사과 하고 배 하고"와 같이 띄어 쓸 가능성이 많다. 조사는 앞의 체언과 붙여 쓴다고 하는 이 단순한 원칙이 갑자기 복잡하게 느껴지지 않는가?

보조사와 격조사의 차이

보조사는 '체언이나 부사, 활용 어미 따위에 붙어서, 특별한 뜻을 더해 주는 조사'를 말한다. 격만을 부여하는 격조사와는 그 기능이 상당히 다른 것이다. 물론 보조사가 간혹 격을 부여하는 것처럼 보이는 것도 있다. 하지만 그런 경우에도 그냥 격만을 부여하고 마는 것이 아니다. 뭔가 특별한 뜻을 더하는 기능도 보조사는 잊지 않고 한다.

예를 들어 보자. "내＜가＞ 기쁘다."의 ＜가＞와 달리 "나＜는＞ 기쁘다."의 〈는〉은 주격을 부여하는 일 외에 또 어떤 기능을 할까? 그 기능을 괄호로 묶어 보겠다. "(내 딸 영희가, 다른 부모 같으면 분명히 실망할, 안 좋은 대학에 들어갔지만, 실망하는 다른 부모와 달리) 나〈는〉 기쁘다." 〈는〉은 그런 의미에서 격조사 〈가〉와는 기능이 다른 보조사이다. 괄호 속의 뜻을 굳이 더하고 싶지 않다면, 즉 나의 기분 상태만을 말하고 싶다면, 그냥 "내〈가〉 기쁘다."라고 해도 될 것이다.

다른 예를 들어 보겠다. "철수가 영희〈를〉 사랑하는 거 몰라?"의 〈를〉과 달리 "철수가 영희〈만〉 사랑하는 거 몰라?"의 〈만〉은 목적격을 부여하는 일 외에 또 어떤 기능을 할까? 그 기능을 괄호로 묶어 보겠다. "(자네가 철수를 사위 삼고 싶다고? 정신 차리게 이 양반아.) 철수가 영희〈만〉 사랑하는 거 몰라?" 〈만〉은 그런 의미에서 격조사 〈를〉과는 기능이 다른 보조사이다. 괄호 속의 뜻을 굳이 더하고 싶지 않다면, 즉 철수가 누구를 사랑하는지만을 알려주고 싶다면, 그냥 "철수가 영희〈를〉 사랑하는 거 몰라?"라고 해도 될 것이다.

보조사를 글자대로만 해석하여 격조사나 접속조사를 보충해 주는 수준 정도로 가볍게 생각해서는 안 된다. 보조사가 없었다면, 국어 문장의 표현이 매우 단조로웠을 것이다. 그만큼 보조사가 조사 중에서 차지하는 비중은 가볍지 않다.

보조사와 관련한 띄어쓰기

거듭 얘기하지만 보조사는 '체언이나 부사, 활용 어미 따위에 붙어서, 특별한 뜻을 더해 주는 조사'를 말한다. "철수야, 오긴 오되 지금 바로<는> 오지 마라."의 <는>은 부사 다음에 온 경우이다. 그리고 "영희야, 선생님 말은 그 노래를 그렇게 가슴 아프게<까지> 부르라는 뜻은 아니야."의 <까지>는 활용 어미 다음에 온 경우이다. 이들 보조사가 '바로'와 '아프게'에 붙지 않았다면, 문장의 뜻은 달라질 것이다. 이렇듯 보조사는 '특별한 뜻을 더해 주는 조사'이고, 나타날 수 있는 위치도 자유롭기 때문에, 문장의 뜻을 섬세하게 조절하는 데 매우 효과적인 단어이다.

보조사가 체언뿐 아니라 부사나 활용 어미 따위에도 붙을 수 있다는 점은 띄어쓰기 공부를 하는 우리로서는 달갑지 않은 일이다. 체언뿐 아니라 부사나 활용어미 다음에 어떤 말이 왔을 때, 그 말이 혹시 보조사인지 아닌지 의심을 해 봐야 하고, 만약 보조사일 경우에는 그 말을 선행하는 체언, 부사, 활용 어미에 붙여 써야 하기 때문이다. 그저 앞의 체언에 붙여 쓰기만 하면 된다고 알았던 조사가 의외로 띄어쓰기의 복병이 된다.

바로 위의 단락을 찬찬히 보니 보조사가 일곱 차례나 쓰였다. 그 일곱 개의 보조사를 각괄호로 표시하면서, 바로 위의 단락을 다시 한 번 써 보겠다. 우리가 말하고 쓰고 듣고 읽는 일반적인 글에서 보조사가 의외로 자주 등장한다는 걸 실감하게 된다.

보조사가 체언<뿐> 아니라 부사나 활용 어미 따위에<도> 붙을 수 있다는 점<은> 띄어쓰기 공부를 하는 우리로서<는> 달갑지 않은 일이다. 체언<뿐> 아니라 부사나 활용어미 다음에 어떤 말이 왔을 때, 그 말이 혹시 보조사인지 아닌지 의심을 해 봐야 하고, 만약 보조사일 경우에<는> 그 말을 선행하는 체언, 부사, 활용 어미에 붙여 써야 하기 때문이다. 그저 앞의 체언에 붙여 쓰기<만> 하면 된다고 알았던 조사가 의외로 띄어쓰기의 복병이 된다.

위에 나타난 <뿐>은 '그것만이고 더는 없음'의 뜻을 가진 보조사이고, <도>는 '그것도 역시'의 뜻을 가진 보조사이며, <은/는>은 '대조'의 뜻을 가진 보조사이고, <만>은 '어느 특정한 것으로 한정함'의 뜻을 가진 보조사이다. 따라서 이들은 모두 앞의 말에 붙여 써야 한다.

한편 보조사는 격조사, 그리고 다른 보조사와 얼마든지 함께 쓰일 수도 있다. "여기<에><는> 보물이 없다."에서는 처소격조사 '에'와 보조사 '는'이 함께 쓰였다. "이 다리<만큼><은> 튼튼하다"에서는 보조사 <만큼>과 <은>이 함께 쓰였다. 이런 경우 연결된 조사들은 모두 붙여 써야 한다.

그런데 보조사 중에는 의존 명사도 되는 경우가 의외로 많으니 주의를 요한다. 예를 들면 <뿐>과 <만>이 그런 경우이다. "김철수 선수는 출전 명단에 등록만 돼 있을 <뿐>, 실제로 시합에서 뛸 수 있는 몸 상태가 아니다."의 <뿐>은 의존 명사이다. 따라서 앞의 말과 띄어 쓴다. 다음 "그는 사라진 지 한 달 <만>에 나타났다."의 <만>은 '한동안 계속되었음을 나타냄'의 뜻을 가진 의존 명사이다. 당연히 <만>

도 앞의 말과 띄어 써야 한다.

　띄어쓰기 공부가 갈수록 태산이다. 국어사전 없이 띄어쓰기가 바로 된 글을 쓴다는 일이 불가능하다는 사실을 절감할 것이다. 한숨이 나온다. 글을 쓰고 고치며 이렇게까지 소소한 띄어쓰기까지 신경 써야 하는가? 이렇게까지 쩨쩨하고 치사해져야만 좋은 글을 쓸 수 있는 것인가? 좋은 질문이다. 답은 이렇다. "마땅히 그렇게 쩨쩨하고 치사해져야만 한다." 시인 안도현 씨의 고백을 읽어 보자. 쩨쩨하고 치사하게 띄어쓰기를 염두에 두면서 말이다.

　한 편의 시를 고치는 동안 나는 말로 다할 수 없는 쩨쩨하고 치사한 사내가 된다. 창피할 정도로 별의별 짓을 다 한다. 나비도감을 들추고, 포털사이트에서 얼갈이배추에 대해 알아본다. 행을 한 번 바꾸는 데 열 번 정도는 이리저리 붙였다가 뗐다가 해본다. - 안도현.《가슴으로도 쓰고 손끝으로도 써라》.

　ⓐ 〈한 편〉은 〈한편〉과 같이 붙여 쓰지 않고 띄어 썼다.
　ⓑ 〈다할 수 없는〉은 모두 띄어 썼다.
　ⓒ 〈별의별 짓〉은 〈별의별짓〉과 같이 붙여 쓰지 않고 띄어 썼다.
　ⓓ 〈다 한다〉는 〈다한다〉와 같이 붙여 쓰지 않고 띄어 썼다.
　ⓔ 〈알아본다〉는 〈알아 본다〉와 같이 띄어 쓰지 않고 붙여 썼다.
　ⓕ 〈한 번〉은 〈한번〉과 같이 붙여 쓰지 않고 띄어 썼다.

보조사의 종류

이제 문제는 보조사에 어떤 종류들이 있는지 알아 두는 것이다. 보조사 중에는 우리가 쉽게 조사라고 판단할 만한 것도 있지만 그렇지 않은 것도 있다. 뜻과 예문이 있는 보조사 목록을 아래에 소략하게나마 만들어 보았다. 모든 보조사들은 두 가지 이상의 다양한 뜻을 가지고 있지만, 여기서는 일단 한 가지, 혹은 두 가지 뜻만 적어 놓았다. 앞으로 글을 쓰고 읽으면서, 더 많은 보조사와 그들의 다양한 뜻을 알아가기 바란다.

* 그려(강조 혹은 공감 요청) : "자네는 20대 모습 그대로네<그려>."
* 까지(미침) : "지진의 피해가 이곳<까지> 미쳤구나."
* 깨나(어느 정도 제법) : "그 사업으로 돈<깨나> 벌었나 보구나."
* 는/은(주제/대조) : "그는 머물려고 하지만, 나<는> 일단 가 볼까 한다."
* 는커녕/은커녕(부정) : "나는 그와 대화<는커녕> 인사도 제대로 못 했다."
* 다가(의미 강조) : "담배꽁초를 산에<다가> 버리면 벌금을 문다."
* 도(역시) : "너<도> 머리가 아프니?"
* 따라(특별히) : "그날<따라> 유난히 더웠던 것 같아요."
* 마는(맘에 안 드는 현실) : "나도 먹고 싶다<마는> 돈이 없다."
* 마다(균일) : "집집<마다> 전기를 아껴 쓰는 풍토가 필요하다."

* 마저(의외) : "너〈마저〉 떠나고 나면, 나는 너무 외롭겠구나."
* 만(단일) : "나〈만〉 머리에 염색을 안 했네."
* 말고(부정/그 밖에) : "애야, 그곳〈말고〉 다른 데 가서 놀아라."
* 밖에(한계) : "이제 무기라고는 권총 몇 자루〈밖에〉 안 남았다."
* 부터(출발점) : "나〈부터〉 솔선수범해야 하겠다."
* 요(높임) : "아빠, 어서 가〈요〉."
* 이나/나(불만스러운 선택) : "할 일도 없는데, 산책〈이나〉 갈까?"
* 이나마/나마(불만) : "잠시〈나마〉 잠을 자고 나니 몸이 개운해졌다."
* 이든/든/이든지(상관없음) : "어떤 팝송〈이든〉 상관없으니 편히 부르세요."
* 이라고는/라고는(별로) : "그는 믿을 만한 구석〈이라고는〉 없는 사람이다."
* 이라도/라도(아쉬운 선택) : "밥이 없으니, 라면〈이라도〉 끓여 먹자."
* 이라면/라면(조건) : "춤〈이라면〉 난 누구한테도 지지 않는다."
* 이라야/라야(경시) : "재산〈이라야〉 뭐 있나요."
* 이야/야(당연/비로소) : "너〈야〉 물론 합격이지." / "이제〈야〉 조금은 알 것 같다."
* 이야말로/야말로(특수) : "컴퓨터 수리〈야말로〉 그에게 딱 맞는 일이다."
* 인들(마찬가지임) : "그런 수준 낮은 밴드와 함께라면 프로 가수〈인들〉 노래하기 쉽겠니?"
* 인즉/인즉슨(~로 말할 것 같으면) : "엄마 말씀〈인즉〉 비용을 줄이라는 것이었다."

* 일랑/을랑(지적) : "그런 걱정<일랑> 하지 마라."
* 조차(심지어) : "그 일<조차> 못 도와주겠니?"
* 치고(모두) : "나중에 보자는 사람<치고> 무서운 사람 없더라."
* 하고는/하곤(비호감) : "아이고, 저 녀석 하는 짓<하고는>."

실제로 사전을 찾아보니

당나라 시인 가도(賈島)는 나귀를 타고 가다가 **"새는 연못가 나무에서 자고 / 중은 달 아래 문을 두드린다."**는 시 한 구절을 지었는데, '두드린다(敲)'와 '민다(推)' 중 어느 글자가 더 좋을까 망설이고 있었다. 가도의 고민이 깊어지면서 당시 수도였던 장안(長安)의 시장인 한유(韓愈)의 행차를 방해하게 되었고 마침내 그는 한유 앞에 끌려갔다. 가도는 한유에게 연유를 말하고, 한유는 '민다고 하는 것보다는 두드린다고 하는 것이 낫겠다.'고 충고했다. 두 사람은 그 후 둘도 없는 벗이 되었다 한다.

두드리면 어떻고 밀면 어떨까. 글이나 시를 쓰는 사람들이 얼마나 쩨쩨한지 다시 한 번 깨닫게 하는 고사라 하겠다. 잘못하여 띄어 써야 할 것을 붙여 쓴들 어떻고, 붙여 써야 할 것을 띄어 쓴들 무슨 대수일까. 띄어쓰기에 대한 우리의 입장이 '퇴고' 고사에 나오는 가도에 대한 입장과 겹치는 듯하다.

하지만 글을 쓰는 사람에게 퇴고가 중요한 만큼 띄어쓰기 또한 중요하다. 국가가 공식적으로 규정해 둔 원칙을 무시하는 사람에게서, 그리고 유수한 출판사의 노련한 편집자들이 엄격히 지키고 있는 원칙도 무시하는 사람에게서 좋은 글을 기대하기란 힘들지 않겠는가.

'퇴고' 고사에서 결국 가도는 애초에 썼던 대로 '두드린다'를 최종적으로 택하게 되었다. 비록 시문이야 변하지 않았지만, '두드린다'와 '민다'가 경합하면서 퇴고를 한 결과이니, 변하지 않았다고 말할 수는 없다. 모습이 그대로라고, 정말 그대로인 것은 아니다. 멋지게 재탄생한 가도의 시문에 적힌 단어들을 사전에서 찾아보자. 역시 쩨쩨하고 치사하게 띄어쓰기를 염두에 두면서 말이다.

ⓐ '새는'과 '중은'의 <은/는>은 보조사이다. '새는 연못가 나무에서 자고'와 '중은 달 아래 문을 두드린다', 이 대구(對句)를 더욱 절묘하게 '대조' 해 주는 보조사이다.

ⓑ <연못가>는 <연못 가>와 같이 띄어 쓰지 않고 붙여 썼다. <가>는 '가장자리'를 뜻하는 명사다. 그런데 왜 띄어 쓰지 않고 붙여 썼을까? 명사 <연못>과 명사 <가>가 서로 결합해 또 하나의 단어로 탄생했기 때문이다. 이렇듯 두 가지 이상의 단어가 모여 하나의 새로운 단어가 될 경우, 그 새로운 단어를 합성어라 한다. 합성어에 대해서는 17장에서 공부할 것이다. '마음속, 병따개, 맛있다, 배고프다' 등도 합성어들이다.

ⓒ <달 아래>는 붙여 쓰지 않고 띄어 썼다. 위의 <연못가>와 달리 <달아래>는 하나의 새로운 단어가 아니기 때문이다.

〈7장 연습문제〉

앞에서 시인 안도현 씨의 《가슴으로도 쓰고 손끝으로도 써라》에서 인용한 글을 읽었다. 그 글을 전부 붙여 써 놓았으니, 띄어 써야 할 마디에 체크해 보자. 정답은 앞서 읽었던 인용문에서 확인하면 된다. 한편 [부록1](227쪽)에 이 문제에 대해 풀이를 해 놓았다. 이 책을 다 읽고 나야 온전히 이해할 수 있지만, 성미 급한 독자라면 지금 한번 보는 것도 나쁘지 않다.

한편의시를고치는동안나는말로다할수없는쩨쩨하고치사한사내가된다. 창피할정도로별의별짓을다한다. 나비도감을들추고, 포털사이트에서얼갈이배추에대해알아본다. 행을한번바꾸는데열번정도는이리저리붙였다가뗐다가해본다.

8장

관형사와 관련한 띄어쓰기

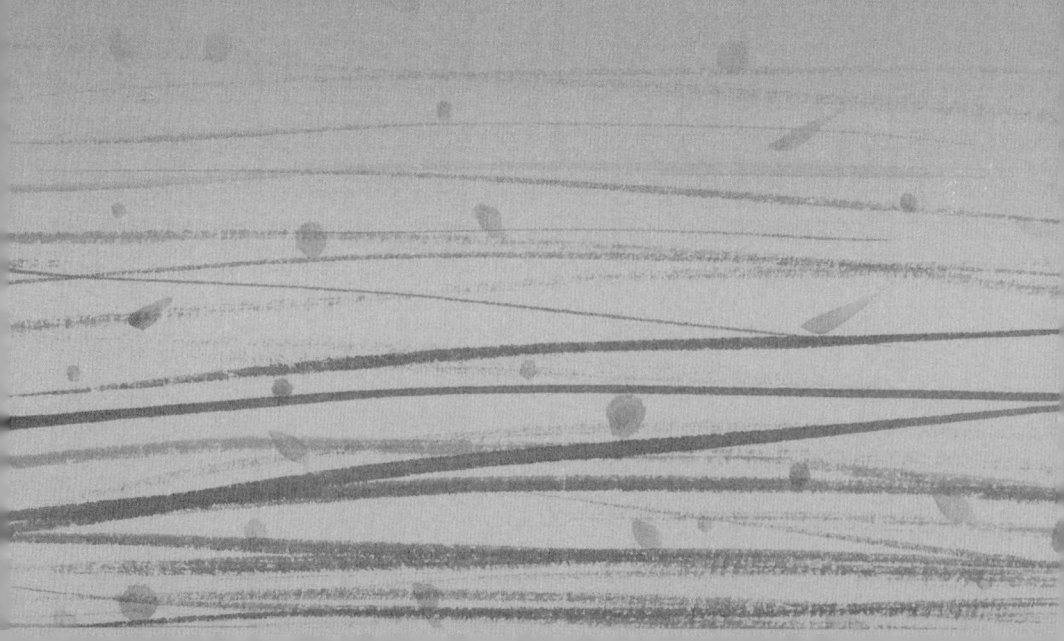

관형사의 종류

관형사는 명사(체언이라고 해야 정확하지만) 앞에 쓰여 그 명사를 수식해 주는 품사로서, 조사를 취하지 않고, 용언처럼 활용을 하지도 않는다. 또한 관형사는 명사 이외의 품사를 수식하는 일이 전혀 없다. 그래서 관형사는 그 어느 품사보다도 문장 중에서 비교적 쉽게 알아볼 수 있다. 관형사에는 성상관형사, 지시관형사, 수관형사, 이렇게 세 종류가 있다.

우선 성상관형사는 꾸밈을 받는 명사의 성질이나 상태를 말해 주는 관형사이다. "<새> 옷, <헌> 집, <헛> 말, <옛> 사랑, <온갖> 수모, <갖은> 고생" 등의 <새>, <헌>, <헛>, <옛>, <온갖>, <갖은> 등이 그 예이다. 성상관형사 중에는 한 글자로 된 한자어도 많다. "<순(純)> 살코기, <고(故)> 최진실, <주(主)> 고객층"의 <순>, <고>, <주> 등이 그 예이다.

다음 지시관형사는 어떤 대상을 한정하여 가리키는 관형사이다. "<이> 학생, <그> 친구, <저> 나무, <이런> 소리, <그런> 성격, <저런> 모양" 등의 <이>, <그>, <저>, <이런>, <그런>, <저런> 등이 그 예이다. 지시관형사 중에도 한 글자로 된 한자어가 많다. "<타(他)> 지방, <현(現)> 국무총리, <전(前)> 장관"의 <타>, <현>, <전> 등이 그 예이다.

참고로, "이이, 그이, 저이, 이분, 그분, 저분, 이것, 그것, 저것, 이곳, 그곳, 저곳" 등의 지시대명사는 지시관형사 "<이>, <그>, <저>"와 의존명사 "<이>, <분>, <것>, <곳>"이 결합해 한 단어로 굳어진 단어라 할 수 있다.

마지막으로 수관형사는 사물의 수량을 나타내는 관형사다. "<한> 명, <두> 마리, <세> 켤레, <다섯> 장, <열> 권, <백> 미터, <첫째> 마디, <둘째> 조건, <셋째> 문항, <제일(第一)> 마디, <제이(第二)> 조건, <제삼(第三)> 문항" 등의 <한>, <두>, <세>, <첫째>, <둘째>, <셋째>, <제일>, <제이>, <제삼> 등이 그 예이다.

수관형사는 수사인가 관형사인가?

그런데 수관형사에는 문제가 좀 있다. '한, 두, 세'는 몰라도 '다섯, 열, 백'은 5장에서 배웠던 양수사와 일치한다. 또한 '첫째, 둘째, 셋째, 제일, 제이, 제삼'도 5장에서 배웠던 서수사와 일치한다. 결국 수관형사 중 일부가 수사와 똑같다는 것이다. 수사와 수관형사가 이렇듯 일치한다면, 굳이 왜 이 둘을 나누는가? 이 물음에 대한 답은 이렇다. 그렇게 나누는 쪽을 이 책에서 선택한 것뿐이다.

국어 문법 연구자들 중에는 수관형사를 수사의 한 종류로 다루는 경우도 많다. 물론 이름도 '수관형사'라고 부르지 않는다. '한국 문학'의 첫째 명사 '한국'이 뒤에 오는 '문학'을 수식할 수 있듯, 수사 중 일부는 뒤에 오는 명사를 수식할 수 있다고 보는 것이다. 명사와 수사는 체언이라는 하나의 범주 안의 두 품사이다. 기능면에서 상당히 비슷할 수밖에 없다. 수관형사를 수사의 한 종류로 다루는 연구자들의 견해는

논리적으로 오류가 없다.

그러나 여기서는 수사와 수관형사를 나누는 쪽을 선택했다. 학생에게 가르치기 위해 국가적 차원에서 만든 학교 문법에서 그렇게 기술하고 있다는 점이 가장 큰 이유이다. 단 하나의 문법책만으로 모든 것이 설명되는 언어는 없다. 따라서 국가적 차원에서 정한 규범으로서의 학교 문법은 일종의 폭력일 수도 있다. 하지만 그럼에도 우리에게 학교 문법의 권위를 인정해야 하는 의미가 없어지지는 않는다. 이관규 교수의 글을 읽어 보자. 띄어쓰기를 염두에 두면서 말이다.

> 학교 문법이라는 용어는 말 그대로 학교에서 교수·학습되는 문법이다. 다시 말하면 교육용 문법이라는 말이다. 학교에서 가르쳐지는 문법 과목에는 국가 수준의 교육 과정이 공통적으로 적용되기 때문이다. 거기에서 가르쳐지는 문법은 통일성을 지닐 수밖에 없을 것이다. - 이관규,《학교문법론》.

ⓐ <말 그대로>는 <말그대로>과 같이 붙여 쓰지 않고 띄어 썼다.
ⓑ <학습되는>은 <학습 되는>과 같이 띄어 쓰지 않고 붙여 썼다.
ⓒ <말하면>은 <말 하면>과 같이 띄어 쓰지 않고 붙여 썼다.
ⓓ <교육용>은 <교육 용>과 같이 띄어 쓰지 않고 붙여 썼다.
ⓔ <가르쳐지는>은 <가르쳐 지는>과 같이 띄어 쓰지 않고 붙여 썼다.
ⓕ <수밖에>는 <수 밖에>와 같이 띄어 쓰지 않고 붙여 썼다.

하지만 수관형사를 수사와 다른 품사로 나눈다 해도 수사와 수관형사가 중복되는 것은 막아야 한다. 아니 막는 설명이 필요하다. 그 설명은 이렇다. 수관형사 중에 수사와 일치하는 것들은 오직 형태에서만 그런 것이다. 형태가 같다고 해서 반드시 같은 품사일 필요도 없고, 같은 뜻을 가질 필요도 없다. 문법에서 이런 일은 흔하다. 7장에서 배웠듯이, 보조사 <뿐>과 <만>은 의존명사이기도 했다. 보조사와 의존명사는 너무도 다른 성격의 단어이다. 하지만 <뿐>과 <만>은 이 둘을 넘나든다. 언어란 그럴 수도 있는 것이다. 국어 사용자들이 오랫동안 그렇게 써 왔다는 것보다 더 강력한 문법의 근거는 없다.

관형사와 관련한 띄어쓰기

우선 성상관형사, 지시관형사, 이 둘과 관련한 띄어쓰기에 대해 살펴보자. 앞에서 한 글자의 한자어로 된 성상관형사의 예로 "<순(純)> 살코기, <고(故)> 최진실, <주(主)> 고객층"의 <순>, <고>, <주>를 들었다. 또한 한 글자의 한자로 된 지시관형사의 예로서 "<타(他)> 지방, <현(現)> 국무총리, <전(前)> 장관"의 <타>, <현>, <전>을 들었다. 그런데 이러한 예들과 너무도 유사하지만 관형사가 아닌 말이 너무도 많다.

"<정(正)>교수, <정(正)>남향, <정(正)>사면체, <정(正)>반대"의 <정>은 접두사이다. 접두사에 대해서는 15장에서 공부하게 되겠지만, 일단 특정한 단어의 머리에 붙어 새로운 단어를 만드는, 단어보다는 더 작은 단위의 말이라고만 알아 두자. 위에 예로 든 <정>은 '교수, 남향, 사면체, 반대'와 같은 명사에 붙어 '자격, 똑바른, 일치하는, 완전히'의 뜻을 부여해 주는 접두사이다. 접두사에는 그 밖에 "<준(準)>결승, <준(準)>회원 <준(準)>우승, <준(準)>공무원"에서의 <준>, "<신(新)>무기, <신(新)>세대, <신(新)>기록, <신(新)>세계"에서의 <신> 등이 있다.

그렇다면 <순>, <고>, <주>, <타>, <현>, <전>은 뒤에 오는 명사를 수식해 주는 관형사이므로 띄어 써야 하고, <정>, <준>, <신>은 접두사이므로, 즉 단어가 아니므로 뒤에 오는 명사에 붙여 써야 하는데, 어떤 것은 관형사이고 어떤 것은 접두사인지 알아낼 방도가 없다. 더욱이 <순>은 관형사이기 때문에 뒤에 오는 명사와 띄어 써야 옳지만 '순우리말' 같은 예외가 있고, 마찬가지로 <주>는 '주재료'와 같은 예외가 있으며, <현>은 '현주소'와 같은 예외가 있다. "순우리말, 주재료, 현주소"에서는 <순>, <주>, <현>이 접두사로 쓰인 셈이다.

결국 어떤 명사 앞에 그 명사를 수식해 주는 말이 왔는데, 이 말은 어떤 경우는 관형사이지만, 어떤 경우는 접두사이고, 어떤 경우는 관형사이기도 하고 접미사이기도 하다. 도대체 아무런 원칙이 없는 것이다. 무책임하게 들릴지 모르지만, 국어사전만이 살 길이다. 그런데 그 길은 습관을 들이다 보면 아주 가기 쉬운 길이 된다.

이상 성상관형사, 지시관형사, 이 둘과 관련한 띄어쓰기에서 난감한 점을 지적했다. 이 두 관형사처럼 복잡하진 않지만 수관형사와 관련한 띄어쓰기에도 유의해야 할 점이 있다.

우선 수관형사는 관형사이고 수량 단위 의존 명사는 명사이므로,

수관형사가 수량 단위 의존 명사 앞에 놓일 때는 반드시 둘을 띄어 써야 한다. 즉 "책 두권, 자동차 세대"가 아니라 "책 두 권, 자동차 세 대"가 맞다. 그런데 수관형사가 아라비아숫자로 나타날 때는 수관형사와 수량단위 의존명사를 붙여 써야 한다. 즉 "책 2권, 자동차 3대"와 같이 말이다. 이는 다분히 시각적인 이유 때문이다. "자동차 3 대"보다는 "자동차 3대"가 시각적으로 훨씬 더 명료하게 읽히지 않는가. 이상은 3장에서 이미 언급한 바 있지만 재차 점검해 본 것이다.

실제로 국어사전을 찾아보니

중국에서 종이가 발명되기 전에는 대나무쪽에다 글자를 써서 그것을 가죽끈으로 묶어 책을 만들었는데, 그것을 죽간이라 한다. 공자는 가죽끈이 세 번이나 끊어질 정도로 《주역》을 읽었다고 전해진다. 수백 번을 읽었으니 죽간의 가죽끈이 세 번씩이나 끊어질 만하다. 책을 여러 번 읽어 닳고 닳을 정도로 공부에 힘쓴다는 의미의 사자성어 '위편삼절(韋編三絶)'이 여기에서 유래됐다.

조선시대의 유명한 독서가 김득신은 사마천의 〈백이전〉을 가장 좋아하여 1억 1만 3000번을 읽었고(평생토록 반복해서 많이 읽었다는 뜻으로 받아들이자), 김득신에 비하면 아무것도 아니지만, 독서 전도사 안상헌 씨는 신영복 교수의 《감옥으로부터의 사색》을, 웬만한 곳은 거의 외울 정도로 읽었다. 책 읽는 일을 아무리 즐기는 사람들일지라도, 보통 사람은 결코 짐작할 수 없는 고통이 따랐을 줄 안다.

　우리에게 띄어쓰기 공부는 상당한 고통을 준다. 하지만 피할 수 없는 고통은 도리어 반기고 배워야 하는 법. 위편삼절의 정신으로 단어들을 국어사전에서 한 번 두 번 찾아 가면서 띄어쓰기에 관한 지식을 쌓아 가자. 그 지루한 작업이 고통스럽고, 많은 시간 공들여야 하며, 실력이 더디게 나아지더라도, 영국의 철학자 조셉 애디슨의 다음과 같은 명언에 공감하면서, 우리에게 주어진 축복에 감사하자. **"우리의 진정한 축복은 종종 고통, 손실, 실망의 형태로 나타난다."** 띄어쓰기에 유념하면서, 그의 명언을 이루는 단어들을 국어사전에서 찾아보자.

ⓐ <우리>는 대명사로서 관형격 조사 <의>와 붙여 썼다. <의>가 갖고 있는 뜻만 십수 개가 넘는다. 여기에 일일이 적지는 않는다.
ⓑ <진정한>은 <축복>을 수식해 주지만 관형사가 아니라 형용사이다. <진정하다>의 어간 <진정하->에 관형사형 어미 <-ㄴ>이 결합된 활용형인 것이다. 잊지 말자. 관형사는 활용을 하지 않는다.
ⓒ <종종(種種)>은 '가끔, 때때로'의 뜻을 가진 부사이다. 이렇게 어떤 말을 반복해 부사가 되는 경우가 많다. <중얼중얼>도 그렇고, <삐약삐약>, <빙빙>도 그렇다.

〈8장 연습문제〉

　　앞에서 이관규 교수의 《학교 문법론》에서 인용한 글을 읽었다. 그 글을 전부 붙여 써 놓았으니, 띄어 써야 할 마디에 체크해 보자. 정답은 앞서 읽었던 인용문에서 확인하면 된다. 한편 [부록1](228쪽)에 이 문제에 대해 풀이를 해 놓았다. 이 책을 다 읽고 나야 온전히 이해할 수 있지만, 성미 급한 독자라면 지금 한번 보는 것도 나쁘지 않다.

　　학교문법이라는용어는말그대로학교에서교수·학습되는문법이다. 다시말하면교육용문법이라는말이다. 학교에서가르쳐지는문법과목에는국가수준의교육과정이공통적으로적용되기때문이다. 거기에서가르쳐지는문법은통일성을지닐수밖에없을것이다.

9장

부사·감탄사와 관련한 띄어쓰기

부사의 정의와 종류

부사는 일반적으로 동사나 형용사, 그리고 다른 부사를 수식하는 품사이다. 그런데 이는 편의상의 정의일 뿐이다. 보다 정확히 말하자면, 부사는 동사나 형용사, 그리고 다른 부사 등이 만들어 내는 문장 성분을 수식하는 것이다. 문장 성분에 관해서는 6장에서 자세히 배운 바 있다.

예를 들면 "철수는 <매우> 아담한 서재를 가지고 있다."에서 부사 <매우>는 '아담한'을 수식한다. 그런데 이때 형용사 '아담한'은 목적어 '서재를'을 수식해 주는 기능을 하는 '관형어'이다. 따라서 <매우>는 형용사를 수식한다고 해도 되고 관형어를 수식한다고 해도 되지만, 후자가 더 정확한 설명이라는 것이다. 같은 이유로 "서재는 <매우> 아담하다."에서도 부사 <매우>는 형용사 '아담하다'를 수식한다기보다는 서술어 '아담하다'를 수식한다고 하는 쪽이 더 정확한 설명이다.

예를 두 가지 더 들어 보자. "<거의> 대부분의 관객들이 눈물을 흘렸다."에서 부사 <거의>는 명사에 관형격 조사가 결합된 '대부분의'를 수식하는데, 이때 '대부분의'는 주어 '관객들이'를 수식하는 관형어이다. 그리고 "이 영화의 주인공은 <바로> 너야."에서 부사 <바로>는 서술어 '너야'를 수식한다. 이렇듯 부사는 특정한 품사를 수식하는 것이라기보다는 특정한 문장 성분(주로 관형어와 서술어)을 수식하는 것으로 보아야 제대로 된 이해라 할 수 있다.

물론 '일반적으로 동사나 형용사, 그리고 다른 부사를 수식하는 품사'라고 하는 정의가 틀린 것은 아니다. 이 정의가 부사에 대해 더 잘 이해하게 해 준다면, 이 정의에 따라도 된다. 다만 갑자기 부사를 성분 부사와 문장 부사로 나누는 것을 당혹스럽지 않게 받아들이기만 하면 된다.

대부분의 문법서들은 부사를 크게 성분 부사와 문장 부사로 나누고 있다. 성분 부사란 한 성분을 수식하는 부사이고, 문장 부사란 문장 전체를 수식하는 부사를 말한다. "그는 나에게 <매우> 친절하다."에서 부사 <매우>는 서술어인 '친절하다'를 수식하는 성분 부사이고, "<다행히> 비가 그쳤다."에서 부사 <다행히>는 자신을 제외한 전 문장, 즉 '비가 그쳤다'를 수식하는 문장 부사이다.

우선 성분 부사의 종류에 대해서 살펴보자. 예문을 들어 설명하는 편이 나을 것 같다. 첫째, "<너무> 아픈 사랑은 사랑이 아니다."에서의 <너무>는 문장 성분 중 관형어인 '아픈'의 성질이나 상태를 말해 주므로 '성상 부사'라 한다. 둘째, "그는 <이리저리> 돌아다녔다. <어제> 있었던 일을 잊기 위해서였다."에서의 <이리저리>와 <어제>는 각각 '공간'과 '시간'을 지시한다 하여 '지시 부사'이다. 셋째, "그는 아직 밥을 <안> 먹었다. 아니 식욕을 잃어 <못> 먹었다."에서 <안>과 <못>은 부정문을 만든다 하여 '부정 부사'라 한다. 넷째, 의성어나 의태어로 된 부사들도 있는데, "나는 문을 <쾅쾅> 두드렸다."의 <쾅쾅>이 의성 부사라면, "버들가지가 봄바람에 <하늘하늘> 흔들렸다."의 <하늘하늘>은 의태 부사이다.

다음 문장 부사의 종류에 대해서 살펴보자. 첫째, "<다행히> 철수가 합격했다."에서 부사 <다행히>는 '철수가 합격했다'는 문장 전체를 수식하는데, 그 문장을 말하거나 쓰는 이의 심리적 태도를 담고 있다. 이러한 문장 부사를 '양태 부사'라 한다. 둘째, "그의 실패는 뼈아팠다. <그러나> 이번 실패는 그에게 큰 교훈으로 남을 것이다."의 <그러나>는 앞의 문장 '그의 실패는 뼈아팠다'와 뒤의 문장 '이번 실패는 큰 교훈으로 남을 것이다'를 이어 주는 기능을 한다. 이러한 문장 부사를 '접속 부사'라 한다.

띄어쓰기에 주의할 부사 목록

부사는 하나의 단어이다. 따라서 앞뒤의 말과 띄어 써야 한다. 앞에서 우리는 <매우>, <다행히>, <너무>, <안>, <못>, <쾅쾅> 등의 부사들을 예문에서 보았다. 부사와 관련한 띄어쓰기는 큰 어려움이 없을 것 같다. 다만 어떤 단어가 부사인지 아닌지만을 판단할 수 있으면 되겠다. 아래에 한 단어로서의 부사인지 아닌지를 판단하기 힘든 부사를 가나다순으로 모아 보았다. 아래의 부사들은 단 하나의 단어이다. 따라서 절대로 띄어 써서는 안 된다.

* 감쪽같이(O) / 감쪽 같이(×)
* 곤드레만드레(O) / 곤드레 만드레(×)
* 그러나저러나(O) / 그러나 저러나(×)
* 꼼짝없이(O) / 꼼짝 없이(×)
* 난데없이(O) / 난데 없이(×)
* 덜커덩덜커덩(O) / 덜커덩 덜커덩(×)

* 미친듯이(O) / 미친 듯이(×)
* 보잘것없이(O) / 보잘것 없이(×)
* 볼품없이(O) / 볼품 없이(×)
* 비호같이(O) / 비호 같이(×)
* 사정없이(O) / 사정 없이(×)
* 싱글벙글(O) / 싱글 벙글(×)
* 오늘내일(O) / 오늘 내일(×)
* 오늘따라(O) / 오늘 따라(×)
* 오르락내리락(O) / 오르락 내리락(×)
* 온데간데없이(O) / 온 데 간 데 없이(×)
* 올망졸망(O) / 올망 졸망(×)
* 울긋불긋(O) / 울긋 불긋(×)
* 울며불며(O) / 울며 불며(×)
* 이러쿵저러쿵(O) / 이러쿵 저러쿵(×)
* 이리저리(O) / 이리 저리(×)
* 인정사정없이(O) / 인정 사정 없이(×)
* 좀더(O) / 좀 더(×)
* 죽은듯이(O) / 죽은 듯이(×)
* 틀림없이(O) / 틀림 없이(×)
* 하나같이(O) / 하나 같이(×)
* 한결같이(O) / 한결 같이(×)

감탄사, 그리고 그와 관련한 띄어쓰기

　감탄사는 감탄, 놀람, 부름, 명령 등 강한 느낌을 나타내거나 입버릇 혹은 더듬거리는 말 등을 나타내는 품사이다. 감탄사의 또 하나의 중요한 특징은 다른 품사와는 달리 독립적으로 문장 내에 등장한다는 점이다. 따라서 감탄사와 관련해서는 띄어쓰기에 신경을 쓸 만한 문제가 거의 없다.
　"〈아〉, 이럴 수가."의 〈아〉, "〈아이고〉, 나만 두고 어디를 가시오?"의 〈아이고〉, "〈에구머니〉, 저 민망한 옷 좀 봐라."의 〈에구머니〉, "〈아무렴〉, 춤으로 따지만 마이클 잭슨이 최고였지."의 〈아무렴〉, "〈오냐〉, 내가 다 알아서 해 주마."의 〈오냐〉, "〈여보시오〉, 나도 말 좀 합시다."의 〈여보시오〉, "〈저기〉, 오늘 저녁에 약속 없으시면 저하고 식사나 같이 하실래요?"의 〈저기〉. 이들이 감탄사의 예라고 할 수 있다.
　그런데 이런 생각이 든다. 위에서 든 많은 예 중 하나인 〈아〉만 놓고 생각해 보자. 〈아〉가 과연 감탄사인가? 지면 위에 달랑 한 글자 써 놓은 이 〈아〉가 이 말을 뱉은 사람의 복잡하고 미묘한 인간의 감정을 도대체 얼마나 표현할 수 있을까?
　남기심·고영근 교수는 《표준국어문법론》에서 감탄사의 특징을 이렇게 적어 놓았다. "감탄사는 일반적으로 일정한 어조가 결부되거나 얼굴 표정이나 손짓이 동반되기 때문에 구어체에 많이 쓰인다. '아'라는 감탄사가 여러 가지 어조나 표정, 손짓을 동반하여 슬픔, 반가움, 기쁨, 놀라움 등을 다양하게 표현하는 것도 이런 이유 때문이다."

즉 문법서에서 <아>는 분명 감탄사로 설명되겠지만, 이 한 글자에 어조나 표정, 손짓이 동반되지 않는다면, 진정한 감탄사로서의 자격은 없는 것이다. 그래서 그런지 대부분의 문법서들은 감탄사에 많은 지면을 할애하지 않는다. 들어 놓은 감탄사의 예들도 어색하기 짝이 없는 몇 가지뿐이다. 인간의 감정은 백지에 타이핑하는 기계적인 일로는 도저히 표현할 수 없는 것이다. 문법 연구자인들 그것을 모르겠는가?

문화사학자 신정일 씨의 《풍류》에서 얻어 읽은 이야기 한 대목을 소개한다.

연산군 때의 풍류객 성현(아호는 용재)의 아들인 성세창이 홍모라는 친구와 자신의 집에서 밤새워 담소를 나누고 있는데, 어디선가 거문고 소리가 들려왔다. 홍모가 문틈으로 밖을 내다보자 한 노인이 눈과 달이 소복한 매화나무 밑에서 눈을 쓸고 앉아서 하얀 백발을 날리며 거문고를 타고 있었다. 바로 성현이었다. 홍모는 그날 밤의 잊히지 않을 장면을 다음과 같은 글로 남겼다. 풍류객 성현의 모습과 그 모습에 넋이 빠진 홍모를 잠시나마 상상해 보자. 그리고 홍모의 글을 읽어 보자.

그때 달빛이 밝아 대낮 같고, 매화가 만개했는데, 백발을 바람에 날려 나부끼고 맑은 음향이 암향 에 타 흐르니 마치 신선이 내려온 듯, 문득 맑고 시원한 기운이 온 몸에 가득함을 느꼈다. 용재는 참으로 선골유골 의 풍류객이라 할 만하다. - 신정일.《풍류》.

눈과 달이 소복한 매화나무 밑에서 눈을 쓸고 앉아, 하얀 백발을 날리며 거문고를 타고 있는 성현의 풍류에도, 그리고 평생 잊지 못할 그 장면을 본 홍모의 벅찬 감동에도, 턱없이 모자란 글이 아닐 수 없다. 글이란 본디 실제에 턱없이 모자란 것이다. 그리고 글을 쓰는 사람은 그 모자람을 최소화하기 위해 몸부림치는 사람이다. 홍모의 몸부림을 느끼면서, 그의 글을 읽어 보자. 물론 띄어쓰기가 어떻게 되어 있는지도 살피면서.

ⓐ <그때>는 <그 때>와 같이 띄어 쓰지 않고 붙여 썼다.
ⓑ <대낮 같고>는 <대낮같고>와 같이 붙여 쓰지 않고 띄어 썼다.
ⓒ <만개했는데>는 <만개 했는데>와 같이 띄어 쓰지 않고 붙여 썼다.
ⓓ <타 흐르니>는 <타흐르니>와 같이 붙여 쓰지 않고 띄어 썼다.
ⓔ <내려온 듯>은 <내려온듯>과 같이 붙여 쓰지 않고 띄어 썼다.
ⓕ <온 몸>은 <온몸>과 같이 붙여 쓰지 않고 띄어 썼다.
ⓖ <할 만하다>는 <할만하다>와 같이 붙여 쓰지 않고 띄어 썼다.

국어사전을 실제로 찾아보니

누차 강조하고 있는 말이지만, 띄어쓰기를 제대로 하려면 어느 정도의 문법 지식이 있어야 하고, 국어사전을 찾는 일에 게을러서도 안 된다. 하지만 사실 띄어쓰기는 하나의 핑계이다. 진짜는 도리어 우리말과 우리글에 대한 사랑이다.

글을 쓰고 읽는 일에 조금만 관심을 갖고 국어사전을 가까이 둔다면 띄어쓰기는 어렵지 않게 넘을 수 있는 벽이다. 그리고 그 벽을 넘는 과정에서 우리가 정말 얻게 되는 것은 '제대로 띄어쓰기가 된 글'이 아니라 '우리말과 우리글에 대한 사랑'이다.

과학의 대중화에 누구보다도 힘쓰는 동물행동학자 최재천 교수가 입에 달고 사는 말이 바로 "알면 사랑한다."이다. 동물에 대해 알면 알수록 동물을 사랑하게 된다는 뜻이리라. 동물의 행동과 삶의 양식에 무지한 사람에게, 동물 서커스가 얼마나 추악한 짓인지 깨우쳐 줄 수는 없다.

띄어쓰기에나마 좀 신경 쓰면서 한 가지라도 더 국어 문법에 대한 지식을 쌓고 한 번이라도 더 국어사전을 뒤지며 국어 어휘의 기능과 의미를 익히지 않는 사람과, 우리말과 우리글에 대한 사랑을 나눌 수는 없다. 최재천 교수의 말은 동물행동학에만 적용되는 것이 아니다. 모든 사랑의 근본은 앎이다. **"알면 사랑한다."** 이 짧은 문장을 이루고 있는 단 두 개의 단어를 국어사전에서 찾아보고 어떻게 띄어쓰기를 했는지 설명해 보자.

ⓐ <알면>은 어간 '알–'에 어미 '면'이 결합된 활용형이다. '–면'은 '조건'을 뜻하는 연결 어미이다. 연결 어미에 대해서는 10장에서 공부하게 될 것이다. <알면>은 <사랑한다>에 연결되는데, 그 연결의 의미는 바로 '조건'이다.

ⓑ <사랑한다>의 기본형은 <사랑하다>이다. 기본형과 그 외의 활용형 사이에 우열관계란 없다. 다만 사전에 기본형을 대표로 등재시킬 뿐이다. <사랑하다>는 <사랑>이라는 명사에 <–하–>라는 접미사가 붙어서 만들어진 동사이다. 접미사에 대해서는 16장에서 공부

할 것이다. 어쨌든 접미사 <-하->는 명사를 동사로 만들어 주었다. 접미사 <-하->가 그런 기능을 하는 경우는 매우 많다. "<공부하다>, <생각하다>, <이해하다>, <주장하다>, <강조하다>, <회의하다>, <결정하다>" 등 아마도 예를 수백 가지는 들 수 있을 것이다.

〈9장 연습문제〉

　앞에서 신정일 씨의 《풍류》에서 인용한 글을 읽었다. 그 글을 전부 붙여 써 놓았으니, 띄어 써야 할 마디에 체크해 보자. 정답은 앞서 읽었던 인용문에서 확인하면 된다. 한편 [부록1](230쪽)에 이 문제에 대해 풀이를 해 놓았다. 이 책을 다 읽고 나야 온전히 이해할 수 있지만, 성미 급한 독자라면 지금 한번 보는 것도 나쁘지 않다.

　그때달빛이밝아대낮같고, 매화가만개했는데, 백발을바람에날려나부끼고맑은음향이암향 에타흐르니마치신선이내려온듯, 문득맑고시원한기운이온몸에가득함을느꼈다. 용재는참으로선골유골　의풍류객이라할만하다.

10장

동사와 관련한 띄어쓰기_1

동사의 활용

 흔히 동사와 형용사를 합쳐 용언이라 하는데, 이 두 품사는 활용을 한다. 그 중 동사는 사람이나 사물의 동작 혹은 작용을 나타내는 품사로서, 일반적으로 문장에서 서술어로 쓰인다. 동사는 크게 자동사와 타동사로 나누어진다. 자동사는 목적어가 필요 없는 동사, 그와 반대로 타동사는 목적어를 필요로 하는 동사를 말한다.
 "철수가 밥을 <먹는다>."에서 서술어는 동사 <먹는다>이다. 동사는 일반적으로 이 문장에서처럼 서술어가 된다. 한편 "철수는 벌써 <일어났다>."에서 서술어는 동사 <일어났다>이다. 첫째 문장에서 <먹는다>가 '밥을'이라는 목적어가 필요한 타동사인 반면, 둘째 문장에서 <일어났다>는 목적어를 필요로 하지 않는 자동사이다.
 <먹는다>와 <일어났다>는 모두 동사이므로 당연히 활용을 한다(그리고 형용사도 동사와 거의 똑같은 활용을 한다). 활용을 한다는 것은 동사의 가장 중요한 정체성 중 하나이다. 도대체 활용이란 무엇인지 위에서 예를 들었던 두 동사, 즉 <먹는다>와 <일어났다>를 통해 살펴보자.
 <먹는다>의 경우 어간은 '먹-'이고 어미는 '-는다'이고, <일어났다>의 경우 어간은 '일어나-'이고 어미는 '-ㅆ다'이다. '-'는 단어가 아니라 단어의 일정 부분을 차지하고 있는 말에 붙인다. 즉 '먹-'이나 '일어나-'에 '-'가 붙어 있다는 것은 이 두 말은 문장에 등장할 수 있는 한 단어가 아니라는 뜻이다. 그럼 뭔가? 바로 '어간'이다. 그리

고 어간은 반드시 어미와 결합해야만 하나의 단어로서 문장에 등장할 수 있다.

이렇듯 어간과 어미가 결합되는 것이 바로 활용이다. 그리고 활용을 통해 만들진 단어를 활용형이라 한다. <먹는다>나 <일어났다>는 '먹-'에 '-는다', '일어나-'에 '-ㅆ다'가 결합된 활용형이다. 동사는 이렇게 활용형이 되어야만 비로소 하나의 단어로서 구색을 갖추고 문장 내에서 쓰일 수 있는 것이다.

그런데 어미는 어간이 자음으로 끝날 때와 모음으로 끝날 때, 다소 형태를 바꾼다. 뜻은 같지만 형태가 다른 어미들이 있다는 말이다. 즉 변종이 있는 것이다. 하지만 따지고 보면 그런 어미들은 사실상 하나의 어미로 볼 수 있다. 철수가 날마다 다른 옷을 입고 다른 헤어스타일을 한다고 해도 여전히 철수는 철수가 아닌가?

<먹는다>의 '-는다'는 '동작이 현재에 일어나고 있음'의 뜻을 가진다. 이 '-는다'에는 어떤 변종이 있을까? <먹는다>의 어간은 '먹-'으로서, 어간이 자음 'ㄱ'으로 끝난다. 그래서 어미는 '-는다'였던 것이다. 반대로 어간이 모음으로 끝나는 경우를 보자. 예를 들어 <사랑하다>라는 동작이 현재 일어날 경우 우리는 <사랑한다>로 쓴다. 이때 어간은 '사랑하-'이고 어미는 '-ㄴ다'이다. 이때 '-ㄴ다'가 바로 '-는다'의 변종이다. 하지만 '-는다'와 '-ㄴ다'는 사실상 하나의 어미이다.

<일어났다>의 어미 '-ㅆ다'도 그렇다. '-ㅆ다'는 '동작이 일어나는 때가 과거'라는 뜻을 갖는다. 그렇다면 '-ㅆ다'에는 어떤 변종이 있을까? <일어났다>의 어간 '일어나-'는 모음 'ㅏ'로 끝난다. 그래서

어미로 '-ㅆ다'을 취했다. 그렇다면 어간이 자음으로 끝나는 "해가 벌써 솟았다."의 '솟다'의 경우는 어떨까? 일단 어간이 자음 'ㅅ'으로 끝나는 '솟-'이므로 '-ㅆ다'가 아니라 '-았다'를 어미로 취한다. 하지만 '-ㅆ다'와 '-았다'도 사실상 하나의 어미이다.

'-ㅆ다'의 변종은 '-았다' 말고 하나가 더 있다. "첫날밤은 해변가 호텔에서 <묵었다>."의 <묵었다>는 어간이 '묵-'이다. '솟-'과 마찬가지로 자음으로 끝나긴 했다. 하지만 '묵-'은 '솟-'과 달리 말을 이루는 모음이 음성 모음 'ㅜ'이다. '솟-'의 경우는 양성 모음 'ㅗ'였다. 참고로 양성 모음은 'ㅏ, ㅗ, ㅑ, ㅛ, ㅐ, ㅘ, ㅚ, ㅒ' 등을, 반대로 음성 모음은 'ㅓ, ㅜ, ㅕ, ㅖ, ㅝ, ㅟ, ㅞ' 등을 말한다. 그런데 국어에는 양성 모음은 양성 모음끼리, 음성 모음은 음성 모음끼리 어울리는 현상이 있다. 따라서 '솟-'은 양성 모음이 있는 어미 '-았다'와 결합했다면, '묵-'은 음성 모음이 있는 '-었다'와 결합해 <묵었다>가 된다. 결국 '-ㅆ다'와 '-았다'와 '-었다', 이 셋은 사실상 하나의 어미이다.

동사의 어말 어미와 선어말 어미

<먹는다>와 <일어났다>의 어미를 다시 생각해 보자. 분명 이들은 동사이므로 어간과 어미로 나누어진다. 그런데 과연 이들 두 동사의 어미인 '-는다'와 '-ㅆ다'는 더 나누어질 수 없는가? 아니다. 더 나누어질 수 있다. 어떻게? '-는다'는 '-는-'과 '-다'로 나누어질 수 있

고, '-썼다'는 '-썼-'과 '-다'로 나누어질 수 있다.

그렇게 나누어진 어미 중 맨 뒤쪽의 '-다'는 어말 어미, 어말 어미 앞쪽에 위치한 '-는-'과 '-썼-'은 선어말 어미라 한다. 선어말 어미란 어말 어미 앞에 붙는 어미란 뜻이다. 선어말 어미의 경우 '-는-'과 '-썼-'처럼 양쪽에 '-'를 붙인다. 그 이유는 선어말 어미가 앞쪽으로는 어간과, 뒤쪽으로는 어말 어미와 동시에 결합되기 때문이다.

위에 소개한 어말 어미와 선어말 어미들은 그야말로 빙산의 일각도 되지 않는다. 국어에는 수많은 어말 어미들과 선어말 어미들이 있어, 때로는 어말 어미 단독으로, 때로는 어말 어미가 선어말 어미를 동반해 동사 어간에 결합된다. 그리하여 주로 서술어 역할을 하는 동사(물론 형용사도 그렇지만)는 글을 쓰거나 말을 하는 사람들의 복잡하고 미묘하고 다양한 생각 혹은 감정을 표현할 수 있다. 국어가 다른 언어와 가장 다른 점은 바로 이 어미들 때문이라고 해도 과언이 아니다.

동사의 어말 어미의 체계

남기심·고영근 교수의 《표준국어문법론》을 주로 참조하여, 아래에 동사의 어말 어미의 체계를 도식으로 나타내 보았다. 참고로 형용사도 몇 가지만 제외하고는 아래와 같은 체계를 가지고 있음을 밝혀 둔다. 형용사의 체계가 동사의 체계와 다른 점은 13장에서 공부하게 될 것이다.

```
어말 어미 ┬ 종결 어미 ┬ 평서형 어미 : -다, -네, -ㅂ니다/-습니다
        │           ├ 감탄형 어미 : -구나, -도다
        │           ├ 의문형 어미 : -냐, -니, -아(어), -ㅂ니까/-습니까
        │           ├ 명령형 어미 : -라, -려무나/-으려무나, -거라, -너라
        │           └ 청유형 어미 : -자, -ㅂ시다
        └ 비종결 어미 ┬ 연결 어미 ┬ 대등적 연결 어미 : -고, -며
                    │          ├ 종속적 연결 어미 : -아, -니, -게, -면, -므로
                    │          └ 보조적 연결 어미 ; -아/-어, -게, -지, -고
                    └ 전성 어미 ┬ 명사형 어미 : -ㅁ, -기
                               ├ 관형사형 어미 : -ㄴ, -는, -ㄹ/-을
                               └ 부사형 어미 : -게, -도록, -어서
```

위의 체계 말단에 위치한 어말 어미들을, 문장을 예로 들면서 확인해 보자. 어려운 문법 용어는 예문을 다 든 후, 해설해 두었다.

* 평서형 : "나는 〈간다〉."
* 감탄형 : "너는 〈가는구나〉!"
* 의문형 : "너는 〈가냐〉?"
* 명령형 : "너는 당장 〈가라〉."
* 청유형 : "우리 함께 〈가자〉."
* 대등적 연결 : "가을은 〈가고〉, 겨울이 오네."
* 종속적 연결 : "너도 〈가니〉, 나도 가야지."
* 보조적 연결 : "어쩌다 〈가게〉 되었어."
* 명사형 : "네가 이 팀을 버리고 〈감〉은 곧 이 팀의 패배를 의미한다."
* 관형사형 : "네가 〈간〉 순간 이 팀은 사기가 떨어졌다."
* 부사형 : "〈죽도록〉 공부했지만 결과는 좋지 않았다."

몇 가지 문법 용어를 설명해 본다. 첫째, '종결 어미'가 종결하는 것은 바로 하나의 문장이다. 둘째, '연결 어미'는 둘 이상의 문장을 연결해 하나의 문장으로 만드는 어미이다. 셋째, '대등적 연결 어미'는 연결되는 둘 이상의 문장이 각각 동등한 경우이고, '종속적 연결 어미'는 연결되는 둘 이상의 문장 중 앞의 문장이 뒤에 오는 문장 혹은 문장들을 수식하는, 그래서 문장 성분으로 따지면 앞의 문장이 '부사어'가 되는 경우이다. 넷째, '보조적 연결 어미'는 '본용언' 뒤에 '보조 용언'이 이어질 때, '본 용언' 어간에 붙는 연결 어미를 말한다.

다섯째, '전성 어미'에는 명사형 어미, 관형사형 어미, 부사형 어미, 이 세 가지가 있다. 명사형 어미는 활용형이 문장 성분을 주어나 목적어, 혹은 보어로 쓰이도록 바꿔주는 어미이다. 주어나 목적어, 혹은 보어로 쓰이는 대표적인 품사가 명사이므로 이러한 전성 어미를 명사형 어미라 한다. 위의 예문에서 명사형 어미 '-ㅁ'은 '가-'라는 동사 어간에 결합돼 '감'이 되었고, 이는 조사 '은'을 취하여 주어가 되었다. 동사가 주어가 된 것이다. 이상할 것은 없다. 동사의 활용형이 명사형이었고, 명사형은 성분이 바뀌어 주어도 될 수 있고 목적어나 보어도 될 수 있다고 하지 않았던가? 하지만 주의할 것은 그래도 여전히 '감'은 품사가 명사가 아니라 동사라는 점이다.

여섯째, 전성 어미에는 관형사형 어미도 있다. 관형사형 어미는 활용형의 문장 성분을 관형어로 만들어 주는 어미이다. 위의 예문에서 관형사형 어미 '-ㄴ'이 '가-'라는 동사 어간에 결합돼 '간'이 되었는데, 이 '간'은 문장 성분상 관형어가 된다. 즉 체언, 대표적으로 명사를 수식한다. 예문에서는 '순간'을 수식했다. 하지만 역시 주의할 것은 그래도 여전히 '간'은 그 품사가 관형사가 아니라 동사라는 점이다.

일곱째, 전성 어미에는 명사형 어미, 관형사형 어미 말고 부사형 어미도 있다. 부사형 어미는 활용형의 문장 성분을 부사어로 만들어 주는 어미이다. 위의 예문에서 부사형 어미 '-도록'이 '죽-'이라는 동사 어간에 결합돼 '죽도록'이 되었는데, 이 '죽도록'은 문장 성분상 부사어가 된다. 즉 서술어나 관형어, 혹은 다른 부사어를 수식한다. 예문에서는 '공부했지만'을 수식했다. 하지만 역시 주의할 것은 그래도 여전히 '죽도록'은 그 품사가 부사가 아니라 동사라는 점이다.

동사의 선어말 어미의 체계

역시 남기심·고영근 교수의 《표준국어문법론》을 주로 참조하여, 아래에 동사의 선어말 어미의 체계를 도식으로 나타내 보았다. 참고로 형용사도 몇 가지만 제외하고는 아래와 같은 체계를 가지고 있음을 밝혀 둔다. 형용사의 체계가 동사의 체계와 다른 점은 13장에서 공부할 것이다.

```
선어말 어미 ┬ 높임 선어말 어미 : -시-
           ├ 시제 선어말 어미 : -ㅆ-/-았-/-었-(과거), -ㄴ-/-
           │                   는-(현재), -겠-(미래)
           ├ 공손 선어말 어미 : -옵-, -사오-
           └ 회상 선어말 어미 : -더-
```

국어 동사의 선어말 어미의 체계는 위와 같다. 문장을 예로 들면서 이들 어미를 확인해 보자.

* 높임 : "항상 선생님이 먼저 <가신다>."의 '-시-'
* 시제 : "항상 철수가 먼저 <갔다>."의 '-ㅆ-'
* 공손 : "꽃을 사뿐히 밟고 <가옵소서>."의 '-옵-'
* 회상 : "여기가 철수와 영희가 자주 <가던> 공원이야."의 '-더-'

어미의 체계를 세우는 목적

위에서 우리는 어말 어미와 선어말 어미의 체계를 세웠다. 그런데 그 무엇의 체계를 세우는 일은 그 무엇에 대해 잘 알기 위함이다. 결국 어말 어미와 선어말 어미의 체계를 세우는 일도 바로 국어의 어미에 대해 잘 알기 위함이다. 국어에서 수많은 어미들은 역시 수많은 동사(그리고 형용사)의 어간들과 결합해 글을 쓰는 사람이든 말을 하는 사람이든 자신의 의사를 밝히는 데 어려움이 없게 한다. 동사(그리고 형용사)는 국어의 기둥이 되는 품사이다. 따라서 어미의 체계를 세우는 일은 궁극적으로는 국어에 대해서 잘 알기 위함이다.

많은 동사(그리고 형용사)의 활용을 알면 알수록, 즉 많은 동사(그리고 형용사) 어간에 많은 어미를 결합해 구사할 줄 알면 알수록 우리는 좀더 풍요로운 국어 생활을 할 수 있다. 그리하여 그 풍요로운 국어

생활을 통해 '인간과 사회에 대한 통찰'을 얻을 수 있게 될 것이다. 국어 생활 능력이란 그만큼 중요한 일을 가능케 한다.

어미의 체계화가 미치는 영향이 그쯤이라면, 우리의 지적 쾌락 중 빼놓을 수 없는 글쓰기와 독서도 그 영향권 안에 있는 셈이다. 글을 쓰며, 혹은 책을 읽으며 잔잔한 혹은 통렬한 쾌락을 느꼈다면, 그리하여 이제껏 보지 못했던 인간의 모습을 하나 더 보고, 알기 힘들었던 사회의 단면을 조금 더 이해할 수 있었다면, 글을 쓴 사람과 그 글을 읽은 사람은 '인간과 사회에 대한 통찰'에 한 걸음 더 나아간 것이다.

박민영 씨는 《즐거움의 가치 사전》에서 글쓰기, 독서, 가족애, 우정, 섹스, 부, 명예, 산책, 여행 등 47가지 쾌락 항목을 '사랑, 섹슈얼리티, 사회적 쾌락, 여가의 쾌락, 지적 쾌락', 이렇게 5가지의 큰 틀로 분류했다. 인간에게 즐거움을 주는 수많은 항목들을 체계화한 것이다. 이러한 체계화 역시 그 목적은 '인간과 사회에 대한 통찰'임을 박민영 씨는 '머리말'에서 명확하게 밝히고 있다. 쾌락의 경우나 어미의 경우나 그것의 '체계화'는 같은 목적을 갖는다. 더 넓게 얘기하면 인문학이나 사회학에서 어떤 개념이든 체계화되면 그 체계화는 그 개념의 이해는 물론이고 '인간과 사회에 대한 통찰'에도 기여하는 것이다.

《즐거움의 가치 사전》에서 '글쓰기' 항목은 쾌락의 체계 중 지적 쾌락 범주에 속한다. 이 '글쓰기' 항목에 대한 글 중에서 한 대목을 소개한다. 띄어쓰기에 유념하면서 읽어 보자.

인간은 언어를 통해 세계를 본다. 만약 언어가 없다면 세계 역시 아무런 의미도 없게 된다. 연암 박지원은 만물을 "쓰지 않은 문장"으로 보았다. (…) 모든

존재는 언어로 기술되기 이전에는 인식될 수 없다. 우리가 인식하는 세계는 우리가 언어를 통해 만들어낸 세계인 것이다. 그러므로 글을 쓰는 사람은 '세계를 창조하고 있다'고 볼 수 있다. - 박민영,《즐거움의 가치 사전》.

ⓐ <없게 된다>는 <없게된다>처럼 붙여 쓰지 않고 띄어 썼다.
ⓑ <쓰지 않은>은 <쓰지않은>처럼 붙여 쓰지 않고 띄어 썼다.
ⓒ <만들어낸>은 <만들어 낸>처럼 띄어 쓰지 않고 붙여 썼다.
ⓓ <창조하고 있다>는 <창조하고있다>처럼 붙여 쓰지 않고 띄어 썼다.
ⓔ <인식하는>은 <인식 하는>처럼 띄어 쓰지 않고 붙여 썼다.

동사와 관련한 띄어쓰기

국어의 가장 핵심적인 품사는 바로 동사(그리고 형용사)이다. 그리고 동사의 어간과 어미들의 형태는 매우 다양하다. 따라서 동사와 관련한 띄어쓰기는 때로는 어간 때문에, 때로는 어미 때문에 아주 까다롭다. 동사와 관련한 띄어쓰기가 어떻게, 그리고 어느 정도 까다로운지 살펴보도록 하자.

(1) 이 단어가 과연 동사인가?

　어떤 말이 동사라면 하나의 단어이므로 붙여 쓰면 되는데, 그 말이 동사인지 아닌지를 구분하기 힘든 경우가 많다. 몇 가지만 예를 들어 확인해 보자. "저 산 중턱의 소나무를 <바라본다>."에서 <바라보다>는 동사일까? 즉 하나의 단어일까? "도로를 <가로지르는> 일은 위험하다."에서 <가로지르다>는 또 어떨까?
　그런가 하면 "이제 그만 <돌아가라>."의 <돌아가다>, "이사할 때 책을 <들어내는> 일이 제일 힘들다."의 <들어내다>, 그리고 "저 섬까지 <헤엄쳐> 갈 수 있을까?"의 <헤엄치다>는 어떨까? 한편 "가을이라 낙엽이 <떨어진다>."의 <떨어지다>, "철수가 나를 이 서클에 <끌어들였다>."의 <끌어들이다>, 그리고 "내 예상은 언제나 <들어맞았다>."의 <들어맞다>는 또 어떨까?
　이상 8개의 말들은 모두 동사이다. 즉 하나의 단어이다. 그런데 이들은 모두 하나의 단어가 아니라 두 개의 단어일지도 모른다는 의심이 들 만한 동사들이다. 물론 그런 동사가 이 8단어 외에도 수없이 많겠지만, 우선 이들만을 아래와 같이 정리해 놓았다. 우선 이들이라도 익혀 두자. 사실 암기하듯 공부하는 것만이 능사는 아니다. 책을 읽으며 문장들에 등장하는 동사들을 유심히 들여다보는 습관이 생기기만 하면, 동사 식별은 그다지 어렵지 않은 일이다. 다음 8단어가 바로 그 시작이다.

＊ 바라보다(○)　　바라 보다(×)
＊ 가로지르다(○)　가로 지르다(×)

* 돌아가다(O)   돌아 가다(×)
* 들어내다(O)   들어 내다(×)
* 헤엄치다(O)   헤엄 치다(×)
* 떨어지다(O)   떨어 지다(×)
* 끌어들이다(O)   끌어 들이다(×)
* 들어맞다(O)   들어 맞다(×)

참고로 이렇듯 두 개의 단어가 아닐까 의심되는 동사는 대부분 합성 동사들이다. 합성 동사에 대해서는 17장에서 자세히 공부할 것이다.

(2) 이 부분이 과연 동사의 어미인가?

동사는 어미로 끝나는데, 어미 중에는 그것이 어미인지 아닌지를 확실히 알기 어려운 것들이 많다. 더욱이 7장에서 배운 것처럼 보조사가 어미에 붙는 경우도 있어, 띄어쓰기는 더욱 복잡해진다. 그러한 예들을 가나다순으로 몇 가지 정리해 보았다.

* -거든요 : 어미 '-거든'과 보조사 '요'의 결합
  ex. "너 오늘 옷차림이 화려하다?" "오늘 파티에 초대 <받았거든요>."
* -건대는 : 어미 '-건대'와 보조사 '는'의 결합.
  ex. "내가 <생각하건대는> 이번 선거에서 철수가 학생회장이 될 가능성이 높은 것 같다."
* -건마는 : 어미로서 '그럼에도 불구하고'의 뜻.

ex. "그토록 <노력하건마는> 실수가 잘 줄어들지 않는다."
* -고말고 : 어미로서 '아무렴 당연하다'의 뜻.
ex. "엄마 이 펜 좀 써도 돼요?" "아무렴 <되고말고>."
* -기는커녕 : 어미 '-기'와 보조사 '는커녕'의 결합.
ex. "<대화하기는커녕> 말 한 마디 붙이기도 힘들었다."
* -기로서니 : 어미로서 '양보하거나 인정하기 어려운'의 뜻.
ex. "외상 좀 <하기로서니> 괄시가 너무 심하다."
* -ㄴ다니까 : 어미로서 '강조'의 뜻.
ex. "내일은 병원이란 병원은 다 진료를 안 <한다니까>."
* -ㄴ다오 : 어미로서 '완곡하고 친근한 설명'의 뜻.
ex. "철수는 서울에 올라가서 직장을 <구한다오>."
* -ㄴ답니까 : 어미로서 '반어적 긍정'의 뜻.
ex. "이런 재미없는 소설을 누가 <산답니까>?"
* -ㄴ답시고 : 어미로서 '빈정거림'의 뜻.
ex. "청소를 <한답시고> 책장을 옮기다가, 책을 다 쏟아 버렸다."
* -ㄴ대 : 어미로서 '의문, 의아함'의 뜻.
ex. "철수가 영희하고 <결혼한대>?" "글쎄 그렇다니까."
* -ㄴ들 : 어미로서 '그렇게 한다 해도'의 뜻.
ex. "어디에 <간들> 너를 잊을쏘냐."
* -ㄴ바 : 어미로서 '배경이나 근거'의 뜻.
ex. "CCTV를 검토한바, 주인의 친구가 절도범임이 확실하다."
* -ㄴ즉 : 어미로서 '확인이나 근거'의 뜻.
ex. "사전을 <찾아본즉> 그 단어는 조사였다."

* -ㄴ지 : 어미로서 '의문, 강조, 근거나 원인, 감탄'의 뜻.
   ex. "그 친구 자기 마누라를 어떻게나 <위하는지>, 팔불출이 따로 없다니까."
* -나마나 : 어미로서 '뻔함'의 뜻.
   ex. "그 경기는 <보나마나> 우리 팀이 승리할 것이다."
* -느니보다는 : 어미 '-느니', 보조사 '보다'와 '는', 이 셋의 결합.
   ex. "비굴하게 <사느니보다는> 죽는 게 낫다."
* -ㄹ거나 : 어미로서, '스스로에게 반문함'의 뜻.
   ex. "이 일을 어떻게 <수습할거나>!"
* -ㄹ걸 : 어미로서 '추측'의 뜻.
   ex. "그 친구는 안 <갈걸>."
* -ㄹ라치면 : 어미로서 '경험을 바탕으로 한 가정'의 뜻.
   ex. "꼭 세차를 <할라치면> 비가 쏟아졌다."
* -ㄹ망정 : 어미로서 '어떤 사실에 매이지 않음'의 뜻.
   ex. "내가 손해를 <볼망정>, 불량재료를 쓰지는 않을 거야."
* -자마자 : 어미로서 '행동의 연속'의 뜻.
   ex. "대문을 <나서자마자> 눈이 내리기 시작했다."

(3) 어미가 후속되는 말과 함께 준말이 되면 붙여 쓴다.

　　구어체 문장의 경우 어미와 그 뒤의 말이 줄어든 경우가 많다. 그럴 경우 띄어 쓰지 않고 붙여 쓴다. 예를 들어 "엄마가 언제 <가느냐기에> 내일 새벽에 간다고 했다."의 <가느냐기에>는 <가느냐고 말씀

하시기에>의 준말이다. 이때 <가느냐기에>의 어미는 엄밀하게 말해서 <-느냐>까지이다. 하지만 <느냐기에>는 마치 하나의 어미처럼 느껴지기 때문에, 띄어 쓰지 않고 붙여 쓴다. 이런 경우가 구어체 문장에서는 비일비재하니, 동사와 관련한 띄어쓰기를 매우 어렵게 만든다. 그러한 예들을 가나다순으로 몇 가지 정리해 보았다.

* -ㄴ다는구나 : '-ㄴ다고 하는구나'의 준말로 하나의 어미처럼 붙여 쓴다.
  ex. "글쎄 철수가 사무실에서 <잔다는구나>."
* -ㄴ다잖아 : '-ㄴ다고 하잖아'의 준말로 하나의 어미처럼 붙여 쓴다.
  ex. "조금만 기다리자. 철수도 곧 <온다잖아>."
* -ㄴ대 : '-ㄴ다고 해'의 준말로 하나의 어미처럼 붙여 쓴다.
  ex. "철수는 아직 결심이 안 <선대>"
* -냐거든 : '냐고 물어보거든'의 준말로 하나의 어미처럼 붙여 쓴다.
  ex. "어디로 <가냐거든>, 모른다고 해라."
* -냐는 : '냐고 하는'의 준말로 하나의 어미처럼 붙여 쓴다.
  ex. "그 친구 말인즉 우리가 일이나 제대로 <하냐는> 거야."
* -냐니까 : '냐고 물어보니까'의 준말로 하나의 어미처럼 붙여 쓴다.
  ex. "뭐 <하냐니까>, 아무 말도 안 하더라고."
* -다든지 : '-다고 하든지'의 준말로 하나의 어미처럼 붙여 쓴다.
  ex. "<한다든지> 안 <한다든지> 결정이라도 내려 줘야 할 거 아니야?"
* -려다가 : '-려고 하다가'의 준말로 하나의 어미처럼 붙여 쓴다.

ex. "돈 <벌려다가> 도리어 쪽박 차게 생겼다."
* －자던데요 : '－자고 하던데요'의 준말로 하나의 어미처럼 붙여 쓴다.
ex. "저쪽 축구회에서 경기 한번 <하자던데요>."

실제로 국어사전을 찾아보니

20대 중반에 당대 유럽 최고의 문인 반열에 오르고, 바이마르 공국의 고위직에 초빙돼 27세 때부터 공무를 수행하던 중, 괴테는 1786년 9월 3일 견딜 수 없는 방랑벽에 10년 동안의 공직생활을 청산하고 이탈리아로 떠난다. 그리하여 1년 9개월 동안 때로는 익명으로, 때로는 《젊은 베르테르의 슬픔》의 작가로 융숭한 대접을 받으며, 수많은 예술인들과 교유한 괴테의 이탈리아 여행은 꿈처럼 아득한 예술 순례였다.

이탈리아 여행지 중 백미는 역시 로마였다. 로마에 머물면서 괴테는 자기 자신을 돌이켜보는 기회를 가졌다. 그래서 그의 정신은 건전해지고, 무미건조하지 않은 진지함과 즐거운 마음의 평정을 얻었다. 이 세상의 사물을 이곳 로마에서처럼 올바로 평가해 본 적은 없었다. 괴테는 이렇듯 로마 순례를 커다란 축복으로 생각하며 《이탈리아 기행》에 다음과 같이 적었다. "나는 이 축복의 결과가 평생토록 내게 영향을 미치게 될 것 같아 기쁘다."

우리는 이번 장에서 동사의 성격을 살펴봤고, 어말 어미와 선어말 어미의 체계를 세웠으며, 동사와 관련한 띄어쓰기에서 주의할 점도 알아보앉다. 어쩌면 국어 생활에 가장 필요한 공부를 한 셈이다. 어미 체계를 알고 나서 보면, 국어의 문장들은 새롭게 우리에게 다가올 것이다. 글을 쓰거나 읽을 때, 부디 이번 장에서 공부한 내용이 조금이나마 축복이 되기를 바란다. 그리하여 괴테가 적은 대로 됐으면 한다. **"나는 이 축복의 결과가 평생토록 내게 영향을 미치게 될 것 같아 기쁘다."** 이 문장을 이루는 단어들을 국어사전에서 찾아보고, 이 문장이 띄어쓰기를 어떻게 하고 있는지 설명해 보자.

ⓐ <이>는 지시대명사이다. 따라서 <축복>과 띄어 썼다.
ⓑ <평생토록>은 부사이다.
ⓒ <미치게>는 본 동사, <될>은 보조 동사이다. 본 동사와 보조 동사에 대해서는 나중에 배우게 될 것이다. 본 동사와 보조 동사는 원칙적으로 띄어 쓰나, 붙여 써도 무방하다. 여기서는 원칙대로 띄어 썼다.
ⓓ <것>은 의존 명사이다. 당연히 <될>과 띄어 썼다.
ⓔ <같아>는 어간 '같-'에 종속적 연결 어미 <-아>가 결합되어 있는 활용형이다. 즉 위 문장은 "나는 기쁜데, 왜 기쁘냐면 이 축복의 결과가 평생토록 내게 영향을 미치게 될 것 같기 때문이다."의 뜻이며, 따라서 <같아>의 어미 '-아'는 '이 축복의 결과가 평생토록 내게 영향을 미치게 될 것 같아'를 '나는 기쁘다'와 종속적으로 연결시키는 역할을 한다.

〈10장 연습문제〉

앞에서 박민영 씨의 《즐거움의 가치 사전》에서 인용한 글을 읽었다. 그 글을 전부 붙여 써 놓았으니, 띄어 써야 할 마디에 체크해 보자. 정답은 앞서 읽었던 인용문에서 확인하면 된다. 한편 [부록1](231쪽)에 이 문제에 대해 풀이를 해 놓았다. 이 책을 다 읽고 나야 온전히 이해할 수 있지만, 성미 급한 독자라면 지금 한번 보는 것도 나쁘지 않다.

인간은언어를통해세계를본다. 만약언어가없다면세계역시아무런의미도없게된다. 연암박지원은만물을 "쓰지않은문장"으로보았다. (…) 모든존재는언어로기술되기이전에는인식될수없다. 우리가인식하는세계는우리가언어를통해만들어낸세계인것이다. 그러므로글을쓰는사람은 '세계를창조하고있다'고볼수있다.

11장

동사와 관련한 띄어쓰기_2

불규칙 동사란?

 이번에는 불규칙 동사에 대해 살펴볼까 한다. 띄어쓰기와 약간의 연관밖에 없으나, 국어 동사와 어미에 대해 보다 잘 이해하기 위해서이다.
 대부분의 동사는 활용을 할 때 어간과 어미가 우리에게 잘 알려진 형태를 유지하거나, 달라진다 해도 그 현상을 일정한 규칙으로 설명할 수 있다. <벗다>를 예로 들어 보자. "벗고, 벗지, 벗어서, 벗으니" 등에서 어간 '벗-'이나, 어미 '-고, -지, -어서, -으니'는 형태가 우리가 알고 있는 그대로이다.
 그런데 <짓다>의 경우는 활용형태가 어떻게 나타나는지 한번 보자. "짓고, 짓지, 지어서, 지으니" 등에서 보듯이 자음으로 시작하는 어미를 만나면 문제없지만, 모음으로 시작하는 모음을 만나면 어간 '짓'에서 'ㅅ'이 탈락한다.
 만약 어간의 마지막에 ㅅ받침이 있는 모든 동사가 '모음으로 시작하는 어미'를 만나면 어간의 ㅅ받침이 탈락한다면, 이러한 현상을 일정한 규칙으로 설명할 수 있으므로 우리가 그 규칙성을 이해하는 데 별 문제가 없다. 그런데 <벗다>는 어간의 'ㅅ'이 탈락하지 않는데, <짓다>는 어간의 'ㅅ'이 탈락한다면, 일정한 규칙으로 설명할 수 없다.
 우리가 앞서 이런 말로 이 장을 시작했다. "대부분의 동사는 활용을 할 때 어간과 어미가 우리에게 알려진 형태를 유지하거나, 달라진다 해도 그 현상을 일정한 규칙으로 설명할 수 있다." 그러나 <짓다> 같은 동사는 그러한 대부분의 동사가 아닌 것이다. 바로 이러한 동사, 대부분의 동사와 달리 규칙적이지 않은 형태의 변화가 있는 동사를 '불규칙 동사'라 한다.

불규칙 동사의 종류

불규칙 동사에는 어간의 형태가 바뀌는 경우, 어미의 형태가 바뀌는 경우, 이 두 가지가 있다. 위에서 본 '짓다'는 어간이 바뀌는 전형적인 불규칙 동사이다. 국어에는 아주 다양한 불규칙 동사가 있다. 남기심·고영근 교수의 《표준국어문법론》을 주로 참조하여 불규칙 동사의 종류를 정리해 보면 다음과 같다.

(1) 어간이 불규칙적인 경우

① 'ㅅ' 불규칙 동사

"<짓다>, <잇다>, <젓다>, <긋다>, <낫다>" 등은 모음으로 시작하는 어미, 예를 들어 '-아/-어'를 만나면 "지어, 이어, 저어, 그어, 나아"와 같이 받침 'ㅅ'이 탈락된다. 이는 "벗다, 빗다, 빼앗다, 씻다" 등이 모음으로 시작하는 어미를 만나도 "벗어, 빗어, 빼앗아, 씻어"와 같이 받침 'ㅅ'이 탈락되지 않는 경우와 다르다. 즉 불규칙적이다. 그래서 우리는 "<짓다>, <잇다>, <젓다>, <긋다>, <낫다>" 등을

'ㅅ'불규칙 동사라 한다.

② 'ㄷ'불규칙 동사

"<듣다>, <걷다>, <싣다>, <깨닫다>" 등의 동사는 모음으로 시작하는 어미, 예를 들어 '-아/-어'를 만나면 "들어, 걸어, 실어, 깨달아"와 같이 받침 'ㄷ'이 'ㄹ'로 바뀐다. 이는 "<닫다>, <돋다>, <믿다>, <쏟다>" 등의 동사가 모음으로 시작하는 어미 '-아/-어'를 만나도 "닫아, 돋아, 믿어, 쏟아"와 같이 'ㄷ'이 'ㄹ'로 바뀌지 않는 경우와 다르다. 즉 불규칙적이다. 그래서 우리는 "<듣다>, <걷다>, <싣다>, <깨닫다>" 등을 'ㄷ'불규칙 동사라 한다.

③ 'ㅂ'불규칙 동사

"<돕다>, <눕다>, <줍다>" 등의 동사는 모음으로 시작하는 어미, 예를 들어 '-아/어'를 만나면 "도와, 누워, 주워"와 같이 받침 'ㅂ'이 '우/오'로 바뀐다. 즉 어간이 '도오-, 누우-, 주우-'가 되는 것이다. 이는 "<뽑다>, <씹다>, <잡다>" 등의 동사가 모음으로 시작하는 어미, 예를 들어 '-아/-어'를 만나도 "뽑아, 씹어, 잡아"와 같이 받침 'ㅂ'이 '우/오'로 바뀌지 않는 경우와 다르다. 즉 불규칙적이다. 그래서 우리는 "<돕다>, <눕다>, <줍다>" 등을 'ㅂ'불규칙 동사라 한다.

④ '르' 불규칙 동사

"<흐르다>, <고르다>, <나르다>" 등의 동사는 모음으로 시작하는 어미, 예를 들면 '-아/-어'를 만나면 "흘러, 골라, 날라"와 같이 활용한다. 어간 '흐르-, 고르-, 나르-'에서 'ㅡ'가 하나 탈락하고 'ㄹ'이 새로 생김으로써, 결국 어간은 '흘르-, 골르-, 날르-'로 변하는 것이다. 그리고 이 어간이 '-아/-어'를 만나 최종적으로 '흘러, 골라, 날라'가 되는 것이다.

한편 이와 달리 "<따르다>, <다다르다>, <치르다>" 등은 어미 '-아/-어'와 만나 "따라, 다다라, 치러"와 같이 활용할 때, 어간의 'ㅡ'가 탈락하고 있다. 즉 어간이 '따르-, 다다르-, 치르-'가 되는 것이다. 그런데 국어에서는 어간이 'ㅡ'로 끝나는 경우, 모음으로 시작하는 어미 앞에서 그 'ㅡ'는 탈락하는 것이 일반적인 규칙이다. 다른 예를 들어, "뜨다, 크다, 쓰다" 등의 어간도 '뜨-, 크-, 쓰-'가 어미 '-아/-어'를 만나면 "떠, 커, 써"가 되지 않는가?

결국 모음으로 시작하는 어미 앞에서 'ㅡ'가 탈락하는 일반적인 규칙에 따라 변화를 겪는 "<따르다>, <다다르다>, <치르다>"와 달리 "<흐르다>, <고르다>, <나르다>"의 경우는 'ㅡ'만 탈락하는 것이 아니라 'ㄹ'이 새로 생기기까지 한다. 즉 불규칙적이다. 그래서 우리는 이들을 '르' 불규칙 동사라 부른다.

(2) 어미가 불규칙적인 경우

① '여' 불규칙 동사

"<하다>", 그리고 "<사랑하다>, <공부하다>" 등과 같이 '하다'로 끝나는 동사들은 어미 '-아/-어'와 결합하면 "하여, 사랑하여, 공부하여"와 같이 어미가 '-여'로 변한다. 우리는 이렇듯 어미 '-아/-어'를 '여'로 변화시키는 이런 특수한 동사들을 '여' 불규칙 동사라 부른다.

이렇게 하여 국어에는 '여'라고 하는 어미가 새로 탄생한다. 그러나 '-아'나 '-어'나 '-여'는 하나의 어미의 다른 모습일 뿐이다. '-아'와 '-어'는 양성 모음은 양성 모음끼리, 음성 모음은 음성 모음끼리 결합하는 국어의 특징 때문에 생긴 두 가지 어미요, '-여'는 '여' 불규칙 동사 때문에 생긴 또 하나의 어미이지만, 이 셋은 결국 모습이 다소 다를 뿐, 같은 뜻을 가진 같은 어미라 하겠다.

② '러' 불규칙 동사

<이르다>(어딘가에 닿다)는 모음 어미로 시작하는 어미, 예를 들어 '-아/-어'를 만나면 '이르어'가 아니라 '이르러'가 된다. 즉 어미 '-어'가 '-러'로 바뀌는 것이다. 그래서 '이르다'를 우리는 '러' 불규칙 동사라 부른다. 동사 중 이러한 불규칙한 현상을 보이는 동사는 '이르다' 하나뿐이다. 이렇게 하여 '-아/-어'와 모습만 다를 뿐 뜻은 같은 '-러'가 어미로서 새로 탄생했다.

③ '거라' 불규칙 동사

<가다>의 어간 '가-'는 명령형 어미 '-아라/-어라'를 만나면 '가어라'가 아니라 '가거라'가 된다. 즉 어미 '-어라'가 '-거라'로 바뀐 것이다. 그래서 <가다>를 우리는 '거라' 불규칙 동사라 부른다. 동사 중 이러한 불규칙한 현상을 보이는 동사는 <가다> 하나뿐이다. 이렇게 하여 '-아라/-어라'와 모습만 다를 뿐 같은 뜻의 새로운 어미 '-거라'가 탄생했다.

하지만 이 점은 분명히 해야 한다. '거라' 불규칙이 <가다>의 활용의 전부는 아니다. '가거라'는 상대적으로 높임을 받는 대상이 그 대상을 높여야 하는 대상에게 하는 말투이다. 그러한 상하 관계가 없을 때는 어간 '가-'가 어미 '-아라'가 결합해 '가라'가 된다. 즉 규칙적인 활용을 하는 것이다. '가-'의 'ㅏ'와 '-아라'의 '아'는 자연스럽게 하나의 '아'가 되는데, 이는 국어에서 매우 규칙적인 현상이다.

④ '너라' 불규칙 동사

<오다>의 어간 '오-'는 명령형 어미 '-아라/-어라'를 만나면 '오어라'가 아니라 '오너라'가 된다. 즉 어미 '-어라'가 '-너라'로 바뀐 것이다. 그래서 <오다>를 우리는 '너라' 불규칙 동사라 부른다. 동사 중 이러한 불규칙한 현상을 보이는 동사는 <오다> 하나뿐이다. 이렇게 하여 '-아라/-어라'와 모습만 다를 뿐 같은 뜻의 새로운 어미 '-너라'가 탄생했다.

하지만 이 점은 분명히 해야 한다. '너라' 불규칙이 <오다>의 활용의 전부는 아니다. '오너라'는 상대적으로 높임을 받는 대상이 그 대상을 높여야 하는 대상에게 하는 말투이다. 그러한 상하 관계가 아닐 때는 어간 '오-'가 어미 '-아라'가 결합해 '와라'가 된다. 즉 규칙적인 활용을 하는 것이다. '오-'와 '-아라'의 '-아'가 만나 자연스럽게 '와'로 되는데, 이 역시 국어에서 매우 규칙적인 현상이다.

문법은 다양한 해석이 가능하다

국가가 교육을 목적으로 정한 문법이 바로 학교 문법이다. 당연한 말이지만, 학교 문법은 규범적인 성격을 띤다. 즉 학생이라면 무조건 따라야 하는 문법인 것이다. 하지만 국어의 다양하고 복잡한 현상들 중에는 학교 문법의 틀을 훌쩍 벗어나는 것이 너무도 많다.

예를 들어 '거라' 불규칙 동사는 제6차 교육 과정에 따른 문법 교과서에서는 설정된 바 있으나, 제7차에서는 제외되었다. "웃거라, 일어나거라, 자거라"와 같이 '거라' 불규칙 활용은 <가다>에만 해당되는 현상이 아니기 때문이다. 문법 교과서가 이 정도면, 규범에 얽매이지 않는, 문법 연구자들은 얼마나 다양한 해석을 하겠는가?

학교 문법은 합리적으로 개선돼 가고 있고, 그 규범에 대한 권위는 분명 인정돼야 한다. 하지만 그러한 권위가 학생들이 국어의 현상에 대해 아무런 편견 없이 순수하게 받아들일 수 있는 시야마저 가려서는 안 된다. 교육이 '윽박지르는' 규범이라면, 학생들은 자신이 알고 싶은 것이 아니라 제도가 알라고 하는 것만 아는 전혀 창조적이지 못한 어른으로 성장하게 될 것이다.

박희병 교수가 '공부'와 관련한 선인들의 말씀들을 엮어 만든 《선인들의 공부법》이라는 책이 있다. 우리는 이 책에서 연암 박지원의 재미있고도 의미심장한 경험담 하나를 얻어 읽을 수 있다. 아이들의 창의적인 생각에 모골이 송연해진다. 띄어쓰기가 어떻게 돼 있는지 유심히 보면서 읽어 보자.

마을 아이들에게 <천자문>을 가르쳤는데 아이들이 읽기 싫어하였다. 그래서 야단을 쳤더니 이렇게 말하는 것이었다. "하늘을 보면 새파란데 하늘 '천' 자에는 아무리 봐도 푸른 빛이 없잖아요? 그래서 읽기 싫어요." 아이들의 총명함이 문자를 만든 창힐(중국에서 한자를 처음 만들었다고 전해지는 인물)을 기죽인다. - 박희병.《선인들의 공부법》.

ⓐ <말하는 것이었다>는 <말하는것이었다>와 같이 붙여 쓰지 않고 띄어 썼다. 또한 <것이었다>는 <것 이었다>와 같이 띄어 쓰지 않고 붙여 썼다.
ⓑ <새파란데>는 <새 파란데>와 같이 띄어 쓰지 않고 붙여 썼다.
ⓒ <푸른 빛>은 <푸른빛>과 같이 붙여 쓰지 않고 띄어 썼다.
ⓓ <기죽인다>는 <기 죽인다>와 같이 띄어 쓰지 않고 붙여 썼다.

동사와 관련한 띄어쓰기

　10장에서 동사 어미와 그 뒤에 이어지는 말들이 합쳐져 준말을 이룰 경우 비록 어미가 아닐지라도 마치 어미인 것처럼 붙여 쓰는 예들을 공부했었다. 하지만 마치 그런 예인 것 같아 붙여 써야 할 것 같지만, 실은 절대로 붙여 써서는 안 될 말들이 더 많다. 마치 어미인 것처럼 붙여 쓰는 경우는 '준말'을 이룰 경우일 뿐이다. 그렇지 않은 경우에는 절대로 붙여 써서는 안 된다. 여기 몇 가지 예를 들어 보겠다.

* -고 하니(O)　-고하니(×)
　ex. "시험도 끝났고 하니 우리 영화나 한 편 보러 가자."
* -기 마련이다(O)　-기마련이다(×)
　ex. "어리석은 사람에게 돈이 생기면 누구나 타락하기 마련이다."
* -ㄴ 듯(O)　-ㄴ듯(×)
　ex. "제주도에는 마치 함박눈이 내린 듯 유채꽃이 만발했다고 한다."
* -ㄴ 체하다(O)　-ㄴ체하다(×)　-ㄴ체 하다(×)
　ex. "철수는 영희를 못 본 체했다."
* -ㄹ까 말까(O)　-ㄹ까말까(×)
　ex. "눈이 와서 강릉에 다녀올까 말까 한다."
* -ㄹ 바에야(O)　-ㄹ바에야(×)
　ex. "그렇게 비굴하게 살 바에야 죽고 말겠다."
* -ㄹ 셈(O)　-ㄹ셈(×)
　ex. "너는 도대체 어쩔 셈이냐?"

실제로 국어사전을 찾아보니

이번 장에서는 참으로 까다로운 불규칙 동사에 대해 공부했다. 사실 문법은 어쩌면 '필요악'인지도 모르겠다. 아무리 '악'이라 해도 '필요'는 하다는 말이다. 이 거북하기 짝이 없는 문법은 책을 읽으면서도 익히게 되지만, 글을 쓰면서 가장 빠르고 정확하게 익힐 수 있다. 글쓰기의 유용성은 이루 말로 다 할 수 없지만, 문법 공부를 위해서도 그 유용성은 아무리 강조해도 지나치지 않다.

《글쓰기 로드맵 101》에서 저자인 스티븐 테일러 골즈베리는 비아냥거린다. 문법에 맞는 글을 쓰지 못하는 사람은 작가 지망생이 아니더라도 멍청하고 교양이 없어 보인다고 말이다. 하지만 문법에 맞는 글을 쓰는 일에 대한 중요성을 그 누구보다도 강조하고 있는 골즈베리도 시인한다. **"문법은 글쓰기 훈련 가운데 가장 재미없는 분야다."** 골즈베리의 이 재미없는 문장을 이루는 단어를 국어사전에서 찾아 가며 띄어쓰기가 어떻게 되어 있는지 설명해 보자.

ⓐ <글쓰기>는 한 단어이다. 그런데 <글쓰기>라는 단어는 있지만 <글쓰다>라는 동사는 없다. 다만 <글을 쓰다> 정도가 가능할 것이다.

ⓑ <가운데>는 '일정한 범위의 안'을 뜻하는 명사다. 그런데 꼭 명사가 아닌 듯하다. 그것은 <가운데>가 <가운데에서>의 뜻도 갖기 때문이다. 그런 뜻을 가진다면 <가운데>는 '가장 재미없는'을 수식하는 부사어가 될 것이다. 그러니 명사가 아닌 듯한 것도 당연하다.

ⓒ <재미없다>는 하나의 형용사다. <재미 없다>와 같이 띄어 써서는 안 된다.

〈11장 연습문제〉

앞에서 박희병 교수의 《선인들의 공부법》에서 인용한 글을 읽었다. 그 글을 전부 붙여 써 놓았으니, 띄어 써야 할 마디에 체크해 보자. 정답은 앞서 읽었던 인용문에서 확인하면 된다. 한편 [부록1](232쪽)에 이 문제에 대해 풀이를 해 놓았다. 이 책을 다 읽고 나야 온전히 이해할 수 있지만, 성미 급한 독자라면 지금 한번 보는 것도 나쁘지 않다.

마을아이들에게〈천자문〉을가르쳤는데아이들이읽기싫어하였다. 그래서야단을쳤더니이렇게말하는것이었다. "하늘을보면새파란데하늘'천'자에는아무리봐도푸른빛이없잖아요? 그래서읽기싫어요." 아이들의총명함이문자를만든창힐(중국에서한자를처음만들었다고전해지는인물)을기죽인다.

12장

동사와 관련한 띄어쓰기_3

보조 동사의 정의

"철수는 심심할 때면 책을 <누워서> <보는> 버릇이 있다." 이 문장에서 동사 <눕다>와 동사 <보다>가 연결돼 있다. '보기는 보되 누워서 본다'는 말이다. 이 문장에서 <보다>는 <눕다>에 연결되어 있지 않고 단독으로 쓰일 때의 <보다>와 같은 뜻을 갖는다. 즉 "철수는 심심할 때면 책을 <누워서> <보는> 습관이 있다."에서의 동사 <보다>의 뜻은 "철수는 심심할 때면 책을 <보는> 습관이 있다."에서의 동사 <보다>와 뜻이 같다는 말이다.

'눈으로 인식하다.' 혹은 '책이나 신문 따위를 읽다.'와 같이 우리들이 흔히 알고 있는 <보다>의 뜻은, <보다>가 어느 위치에 있든 같다. 하지만 <보다>가 다른 동사 뒤에 연결될 때 뜻이 달라지는 경우도 있다.

예를 들어 보자. "야 이 옷 멋지다! 영희야 이 옷 한번 <입어> <봐>." 이 때의 <보다>에는 '눈으로 인식하다.' 혹은 '책이나 신문 따위를 읽다.'의 뜻이 없다. 그렇다면 이 문장에서, <입다>에 연결되어 있는 <보다>는 어떤 뜻을 갖고 있는가? 바로 '시행(try)'의 뜻을 갖는다. 즉 이 문장에서 <보다>는 <입다>라는 동사에 '한번 시행한다'는 뜻을 더해 준다.

다른 문장을 예로 들어 보자. "여러분들, 제가 이 제품의 기능에 대해서 <설명해> <보겠습니다>." "손이 닿지 않자 철수는 30센티미터 자를 <사용해> <보았지만> 침대 밑으로 들어간 볼펜을 꺼내지는 못했다." "마지막 작전을 <써> <보고>, 안 되면 이번 경기는 포기하자."

위의 세 문장에서도 <보다>는 각각 <설명하다>와 <사용하다>, 그리고 <쓰다>에 '시행'이라는 뜻을 더해 주고 있다. 기타 많은 문장을 예로 들어 보일 수 있지만, 이쯤 해 둔다. 어쨌든 이런 문장들에서 <보다>는 자신의 원래의 뜻을 잃어 버리고 선행하는 동사에 '시행'이라는 뜻을 더해 준다. 아주 특별한 동사인 셈이다.

이렇듯 어떤 동사 바로 뒤에 위치함으로써, 애초 자신 고유의 뜻을 잃어 버리고, 바로 그 어떤 동사에 특별한 의미를 더해 주는 동사를 우리는 '보조 동사'라고 부른다. 그리고 이 보조 동사가 의미를 더해 주는 선행 동사는 '보조 동사'와 짝을 이루어 '본 동사'라고 부른다. 당연히 보조 동사는 본 동사 없이 단독으로 쓰이지 않는다. 그리고 국어의 모든 동사는 본 동사가 될 수 있지만, 보조 동사가 될 수 있는 동사는 이십여 개밖에 되지 않는다.

잊지 말아야 할 것은 보조 동사도 엄연히 동사라는 점이다. 하나의 단어인 것이다. 그리고 그 수가 그리 많지 않다 해도, 우리글 우리말에서 차지하는 비중은 결코 작지 않다. 보조 동사를 구사함으로써, 가뜩이나 중요한 품사인 동사의 뜻을 수십 배나 풍요롭게 만들 수 있다.

보조 동사? 보조 용언?

위에서 보조 동사가 본 동사에 어떤 의미를 부여하는 기능을 한다는 사실을 알았다. 그런데, 사실 보조 동사에 선행하는 말이 동사(본 동사)가 아니라 형용사인 경우도 제법 있다. 결국 보조 동사가 오직 본 동사하고만 어울리는 것은 아니라는 말이다. 14장에서 보조 형용사를 배울 때 알게 되겠지만, 역시나 보조 형용사도 동사 뒤에 위치하는 일이 많다. 결국 보조 형용사도 오직 본 형용사하고만 어울리는 것은 아니라는 말이다.

이런 복잡한 이유로, 문법서에서는 일반적으로 본 용언, 보조 용언, 이런 식으로 기술한다. 즉 본 동사와 본 형용사, 그리고 보조 동사와 보조 형용사를 딱히 구분하지 않는다. 우리도 지금 이 시점부터는 본 용언과 보조 용언이라는 용어를 쓰도록 하자.

실제로 국어의 동사와 형용사가 명확히 구분되는 면도 있지만, 그렇지 못한 면도 있다. 그래서 문법 연구자에 따라서는 형용사를 동사에 편입시키기도 한다. 이 두 품사를 용언이라고 묶어 말하는 데는 다 이유가 있는 것이다.

동사적 성격을 갖는 보조 용언의 종류

여기서는 우선 25개의 보조 용언에 대해 하나씩 살펴보도록 하자. 이 스물다섯 개의 단어는 분명 '보조 동사'라는 용어로 불릴 만하다. 왜냐하면 이들은 대부분 기능이나 의미 모두 '동사'에 가깝기 때문이다. 하지만 이들이 뜻을 더해 주는 선행 단어는 동사(본 동사) 외에 형용사(본 형용사)도 있기 때문에 '본 용언'으로 이 둘을 아울러야 한다. 선행하는 단어는 '본 용언'이라 부르고, 본 용언에 뜻을 더해 주는 단어는 '보조 동사'로 쓴다면 혼란스럽지 않겠는가? 그래서 우리는 이런 혼란을 피해 아래에 소개되는 25개의 보조 동사를 그냥 보조 용언이라 부르기로 한다.

(1) 진행

* <가다>
  ex. "이제 작업이 거의 다 되어 <간다>."
* <오다>
  ex. "산 위로 밝아 <오는> 새벽의 기운을 느낄 수 있었다."
* <있다>
  ex. "철수는 지금 차를 마시고 <있다>."
* <계시다>
  ex. "아버님은 지금 책을 읽고 <계신다>."

(2) 종결

* <나다>
  ex. "산 하나를 넘고 <나니> 걷기 쉬운 평지가 나왔다."
* <내다>
  ex. "영희는 드디어 잃어 버린 노트를 찾아 <냈다>."

* <버리다>
   ex. "철수는 더 이상 싸울 힘을 잃어 <버렸다>."
* <말다>
   ex. "이번 싸움에서는 아주 끝장을 내고 <말겠다>."

(3) 봉사

* <주다>
   ex. "철수는 아파 누워 있는 영희를 위해 책을 읽어 <주었다>."
* <드리다>
   ex. "철수는 아파 누워 계신 아버지를 위해 책을 읽어 <드렸다>."

(4) 시행

* <보다>
   ex. "보다 멋진 포즈를 잡아 <봐>."

(5) 보유

* <두다>
   ex. "서류는 책상 위에 얹어 <두었다>."
* <놓다>
   ex. "서류는 서랍 속에 넣어 <놓았다>."

* <가지다>
    ex. "봉투 속에 담아 <가지고> 오세요."

(6) 사동

* <하다>
    ex. "철수가 영희를 가게 <했다>."
* <만들다>
    ex. "무슨 일을 해서든 철수를 가게 <만들어라>."

(7) 피동

* <지다>
    ex1. "침대 밑으로 손을 뻗으니 잃어 버렸던 필통이 만져<졌다>." (뒤에서 설명하겠지만 <지다>의 경우는 본동사와 반드시 붙여 써야 한다.)
    ex2. "갑자기 정신이 맑아<졌다>." (보조 용언 <지다>는 <맑다>의 경우처럼 형용사 뒤에도 위치한다.)
* <되다>
    ex. "두 달 후면 감옥에서 나가게 <된다>."

(8) 부정

* ⟨않다⟩
  ex1. "철수는 가지 ⟨않는다⟩."
  ex2. "영희는 예쁘지 ⟨않다⟩.(보조 용언 ⟨않다⟩는 ⟨예쁘다⟩의 경우처럼 형용사 뒤에도 위치한다.)
* ⟨못하다⟩
  ex1. "철수는 가지 못한다."
  ex2. "철수는 집안 형편이 넉넉하지 못하다."(보조 용언 ⟨못하다⟩는 ⟨넉넉하다⟩의 경우처럼 형용사 뒤에도 위치한다.)
* ⟨말다⟩
  ex. "철수는 가지 ⟨말아라⟩."

(9) 강세

* ⟨대다⟩
  ex. "그 개가 계속 짖어 ⟨댔다⟩."

(10) 짐작

* ⟨보이다⟩
  ex1. "그 아저씨는 나이가 마흔은 되어 ⟨보였다⟩."
  ex2. "그 아저씨는 험상궂어 ⟨보였다⟩."(보조 용언 ⟨보이다⟩는 ⟨험상궂다⟩의 경우처럼 형용사 뒤에도 위치한다.)

(11) 당위

* <하다>
  ex1. "하루에 한 과씩 읽어야 <한다>"
  ex2. "농구선수는 일단 키가 커야 <한다>" (보조용언 <하다>는 <크다>의 경우처럼 형용사 뒤에도 위치한다.)

(12) 시인

* <하다>
  ex1. "철수도 돌을 던지기는 <했다>."
  ex2. "그녀는 미인은 아니었지만 인상이 좋기는 <했다>." (보조용언 <하다>는 <좋다>의 경우처럼 형용사 뒤에도 위치한다.)

이상 문장을 예로 들면서 동사적 성격을 갖는 25개의 보조 용언에 대해 살펴보았다. 그런데 이상한 일이다. 10장에서 우리는 본 용언 뒤에 보조 용언이 이어질 때 본 용언 어간에 붙는 연결 어미, '-아/-어/-게/-지/-고'를 보조적 연결 어미라 배운 바 있다. 하지만 '당위'를 뜻하는 <하다>와 '시인'을 뜻하는 <하다>의 경우, 본 용언과 보조 용언을 연결해 주는 것은 각각 연결 어미 '-어야', 명사형 어미 '-기'와 보조사 '는'이 결합한 '-기는'이었다.

이처럼 문법은 실제 사용되는 국어의 모든 현상을 100% 만족시키지는 못한다. 하지만 이와 같은 문법의 불완전성이 문법의 필요성을 절감시키지는 않는다. 원칙으로 만드는 일이 불가능에 가까운 국어의 현상들을 수없이 만나게 된다 해도, 문법 연구자들은 좌절하기는커녕 더욱 분발한다. 또한 행여 완벽함을 추구했다고 잠시나마 자부했던 연구자들도 역시 예외적인 현상을 만남으로써 한없이 겸허한 마음으로 되돌아가 각오를 새로 다진다.

그리스 신화에 나오는 '프로크루스테스(그리스어로 '잡아 늘이는 사람'이라는 뜻)'라는 악한에 대해 들어 보았을 것이다. 테세우스에 의해 처단된 이 악당은 자기의 여인숙에 찾아온 나그네의 키가 작으면 긴 쇠침대에, 키가 크면 짧은 쇠침대에 강제로 눕혀, 침대 크기에 맞게끔 몸을 잡아당겨 늘이거나 잘라 내었다. 이재호·김원중 교수는 《서양문화지식사전》에서 이 악한에서 유래한 '프로크루스테스의 침대'라는 말이 은유하는 바를 다음과 같이 적고 있다.

"프로크루스테스 같은"은 독단적으로 복종을 강요하거나 이미 확립된 규범에 대한 가혹한 강요를 뜻한다. "프로크루스테스의 침대"라는 말이 여기에서 비롯하였다. 모든 제도, 법률, 규칙은 프로크루스테스의 침대 같은 면이 있다. - 이재호·김원중.《서양문화지식사전》.

문법은 나그네의 키를 자기 침대에 맞게 늘이거나 잘라 버리는 '프로크루스테스의 침대'가 되어서는 안 된다. 국어의 모든 현상을 100퍼센트 만족시키려는 욕심은 일반화의 오류를 부르기 마련이다. 이재호·김원중 교수의 글을, 띄어쓰기가 어떻게 되어 있는지 유념하면서 읽어 보자.

ⓐ 〈프로크루스테스 같은〉은 〈프로크루스테스같은〉과 같이 붙여 쓰지 않고 띄어 썼다.
ⓑ 〈확립된〉은 〈확립 된〉과 같이 띄어 쓰지 않고 붙여 썼다.
ⓒ 〈뜻한다〉는 〈뜻 한다〉와 같이 띄어 쓰지 않고 붙여 썼다.
ⓓ 〈"프로크루스테스의 침대"라는〉은 〈"프로크루스테스의 침대"라는〉과 같이 띄어 쓰지 않고 붙여 썼다.
ⓔ 〈비롯하였다〉는 〈비롯 하였다〉와 같이 띄어 쓰지 않고 붙여 썼다.

보조 용언과 관련한 띄어쓰기

본 용언과 보조 용언은 띄어 쓰는 것이 원칙이나 붙여 써도 무방하다. 다만 '피동'의 뜻을 갖는 보조 용언 〈지다〉는 "〈느껴지다〉, 〈믿어지다〉" 등과 같이 본 용언에 반드시 붙여 쓴다. 이는 〈-어지다〉를 관용적으로 굳어진 말로 보는 것이다.

실제로 국어사전을 찾아보니

《쉽게 배우는 경제학》이란 책을 읽고 나서 신문의 경제 기사를 읽어 보았다. 기사를 이해하는 힘이 나아진 바 없었다. 하는 수 없어 《경제 기사 이보다 쉬울 수는 없다》를 읽어 보았지만 역시 효험은 없었다. 기초 상식이 부족하다 싶어 《경제학 상식사전》도 읽어 보았다. 그러나 신문의 경제 기사는 여전히 곁을 내주지 않았다(물론 이상 세 권의 책은 분명 좋은 책이었다). 그러다 유시민 씨의 《유시민의 경제학 카페》에서 이것이 진실이었구나, 하고 무릎을 치게 만드는 반가운 한 문장을 만났다.

"경제학은 어려운 학문이다."

띄어쓰기는 하루아침에 이루어지지 않는다. 방금 전 문장에서 <하루아침>을 <하루 아침>과 같이 띄어 쓰지 않았다. 도대체 띄어쓰기란 얼마나 어려운가! 국어국문학과 석박사 학위를 준비하는 대학원생들도 논문을 다 쓴 후 '혹시 띄어쓰기 틀린 곳 없을까' 노심초사한다. 띄어쓰기는 그만큼 어려운 일이다.

하지만 이게 어쩐 일인가? 어느새 동사와 관련한 띄어쓰기를 10-12장, 이렇게 세 장에 걸쳐 공부하고 나니, 뭔가 느껴지는 게 있을 것이다. 띄어쓰기의 본 모습이 어렴풋이 보이기 시작할 것이다. 우리는 많이 걸어왔다. 그리하여 경제학 전문가 유시민 씨가 고백한 말의 의미를 이해할 수 있다. 경제학이 어려운 사람만이 경제학 공부를 밑바닥부터 하게 되고, 그런 사람만이 다른 사람이 이해하기 쉬운 경제학 책을 낼 수 있다. 유시민 씨의 그 고백을 읽고, 단어들을 국어사전에서 직접 찾아보자. 띄어쓰기에 관해 설명할 수 있는 데까지 설명도 해 보자.

ⓐ <경제학>은 '인간 사회의 경제 현상, 특히 재화와 서비스의 생산, 교환, 소비의 법칙을 연구하는 사회 과학의 한 분야'라고 정의된다. 학술어의 가장 큰 특징은 그 뜻을 국어사전에서 찾아보면, 그 뜻을 더 모르게 된다는 점이다.

ⓑ <어려운>은 'ㅂ'불규칙 형용사이다. 14장에서 'ㅂ'불규칙 형용사를 공부할 기회가 있을 것이다. 어간 <어렵−>이 관형사형 어미 <−ㄴ>을 만나 어간이 <어려우−>로 바뀐 활용형이다. 이러한 활용은 'ㅂ'불규칙 동사의 경우와 완전히 일치한다. 동사와 형용사는 이렇듯 가까운 혈통의 두 품사이다.

ⓒ <학문이다>는 명사 '학문'이 서술격 조사 '이다'를 취한 경우이다. 서술격 조사도 조사이므로 <학문 이다>와 같이 띄어 쓰면 안 된다. 참고로 학문(學問)에는 물을 '문(問)' 자가 들어 있다. 질문을 한다는 말이다. 휴머니스트 출판그룹에서 펴낸 《물리학을 낳은 위대한 질문들》의 부제는 "모든 위대한 법칙은 질문에서 시작되었다."이다. 하지만 그것이 어디 물리학에 국한된 말이겠는가? 띄어쓰기 역시 "왜 이렇게 띄어쓰기를 하지?" 하는 물음에서 시작돼, 바로 그 물음으로 끝난다.

〈12장 연습문제〉

　앞에서 이재호·김원중 교수의 《서양문화지식사전》에서 인용한 글을 읽었다. 그 글을 전부 붙여 써 놓았으니, 띄어 써야 할 마디에 체크해 보자. 정답은 앞서 읽었던 인용문에서 확인하면 된다. 한편 [부록1](233쪽)에 이 문제에 대해 풀이를 해 놓았다. 이 책을 다 읽고 나야 온전히 이해할 수 있지만, 성미 급한 독자라면 지금 한번 보는 것도 나쁘지 않다.

　"프로크루스테스같은"은독단적으로복종을강요하거나이미확립된규범에대한가혹한강요를뜻한다. "프로크루스테스의침대"라는말이여기에서비롯하였다. 모든제도, 법률, 규칙은프로크루스테스의침대같은면이있다.

13장

형용사와 관련한 띄어쓰기_1

형용사란?

　형용사는 사물의 성질이나 상태를 표시하는 품사로서, 문장에서 주로 서술어가 되며, 어간과 다양한 어미가 결합하는, 소위 활용을 한다. 앞에서 우리는 동사에 대해 이렇게 정의했었다. "흔히 동사와 형용사를 합쳐 용언이라 하는데, 이 두 품사는 활용을 한다. 그 중 동사는 사람이나 사물의 동작 혹은 작용을 나타내는 품사로서, 일반적으로 문장에서 서술어로 쓰인다." 형용사가 동사와 얼마나 가까운지 이 두 품사의 정의만 봐도 알 수 있다.

　보통 국어 사용자들은 형용사, 하면 어떤 쓰임을 가진다고 생각하고 있을까? 글자 그대로 뒤에 나오는 명사를 수식(형용)해 주는 단어를 형용사로 생각하고 있을 것이다. 그리하여 그들은 이렇게 물을지도 모른다. "〈예쁜〉 옷, 〈아름다운〉 풍경, 〈뚱뚱한〉 선생님, 이렇게 세 가지 예에서 옷, 풍경, 선생님을 수식해 주는 〈예쁜〉, 〈아름다운〉, 〈뚱뚱한〉이 가장 흔히 사용되는 형용사의 활용형 아닌가?"

　아니다. 처음에 형용사는 문장에서 주로 서술어가 된다고 분명히 언급했었다. 위의 세 가지 활용형은 문장 성분이 모두 관형어이므로 형용사의 본질적인 성분이 아니다. 그럼 그 본질적인 성분은 무엇인가? 위의 세 가지 예를 이렇게 바꾸면 간단하게 알 수 있다. 아래를 보라. 형용사의 본질적인 성분은 바로 서술어이다.

* 옷이 <예쁘다>.
* 풍경이 <아름답다>.
* 선생님은 <뚱뚱하다>.

또한 보통 국어 사용자들은 이렇게 의문을 품을 수도 있다. "앞서 관형사는 명사(체언이라 해야 옳지만, 대표적으로) 앞에 쓰여 그 명사를 수식해 주는 품사라고 배웠다. 그렇다면 관형사와 형용사는 어떻게 다른 것인가?" 정답은 간단하다. 관형사는 형태가 바뀌지 않고, 형용사는 어떤 어미가 어간에 결합되었느냐에 따라 형태가 매우 다양하게 바뀐다.

"<새> 옷, <헌> 집, <온갖> 나무들"의 <새>, <헌>, <온갖>은 관형사이다. 그리고 이 세 관형사는 형태가 바뀌는 일이 없다. 하지만 형용사는 다르다. "<깨끗한> 옷, <낡은> 집, <다양한> 나무들"의 <깨끗한>, <낡은>, <다양한>은 각각 어간 <깨끗하->에 관형사형 어미 '-ㄴ'이, 어간 <낡->에 관형사형 어미 '-은'이, 어간 <다양하->에 관형사형 어미 '-ㄴ'이 결합된 활용형이며, 이는 수많은 활용형 중 하나에 불과하다. "<깨끗했던> 옷, <낡았던> 집, <다양했던> 나무들"과 같이 활용형을 바꾸면, 이 활용형은 수식하는 명사의 과거 상태를 알려준다. 형용사는 활용을 통해 관형사보다는 다양한 방식으로 명사를 수식해 줄 수 있다.

한편 국어 사용자들은 "동사와 형용사가 그렇듯 닮았다면, 그 둘은 어떻게 구별하는가?" 하고 물을 수 있다. 이 물음에 대답하는 일은 결코 만만치 않다. 이관규 교수의 《학교 문법론》을 주로 참조하여, 절을 달리해 설명해 보겠다.

동사와 형용사는 어떻게 다른가?

첫째, 당연한 이야기이지만 동사에는 '동작이나 과정'의 의미가 담겨 있는 반면, 형용사에는 '성질이나 상태'의 의미가 담겨 있다. "철수는 달린다."에서 <달리다>는 주어인 '철수는'의 동작이므로 동사이지만, "철수는 착하다."에서 <착하다>는 주어인 '철수는'의 성질이므로 형용사이다. 또한 "드디어 굳게 닫혀 있던 대문이 열린다."에서 <열리다>는 주어인 '대문이'의 과정이므로 동사이지만, "칠을 새로 해서 그런지 대문이 아주 멋지다."에서 <멋지다>는 주어인 '대문이'의 상태이므로 형용사이다.

둘째, 현재 시제 선어말 어미인 '-는-/-ㄴ-'이 쓰일 수 있으면 동사이고, 쓰일 수 없으면 형용사이다. 동사 <달리다>는 어간 <달리->에 현재 시제 선어말 어미인 '-ㄴ-'과 평서형 어말 어미 '-다'가 결합되어 <달린다>가 가능하다. 하지만 형용사 <착하다>는 그와 같이 현재 시제 선어말 어미와 평서형 어미가 결합되어 <착한다>처럼 활용할 수 없다.

셋째, 관형사형 어미 중 현재를 나타내는 어미인 '-는'을 사용할 수 있으면 동사이고 사용할 수 없으면 형용사이다. "달리는 기차"에서 <달리는>은 어간 '달리-'에 현재 시제 관형사형 어미 '-는'이 결합된 활용형이다. 따라서 <달리다>는 동사이다. 하지만 "착하는 철수"는 불가능하므로 <착하다>는 형용사이다.

넷째, 동사는 어간이 '의도'의 뜻을 갖는 어미 '-려', 그리고 '목적'의 뜻을 갖는 어미 '-러', 이 둘과 결합할 수 있다. "철수는 운동장에 달리러 갔다."처럼 <달리러>는 가능하지만, "철수는 착하러 학교에 간다."처럼 <착하러>는 불가능하다. 따라서 <달리다>는 동사이고, <착하다>는 형용사이다.

다섯째, 동사는 어간이 명령형 종결 어미와 청유형 종결 어미, 이 두 가지와 결합할 수 있지만, 형용사는 결합할 수 없다. 즉 "영희야 너도 달려라."와 "영희야 함께 달리자."는 가능하지만, "영희야 너도 착해라." "영희야 함께 착하자."는 불가능하다.

동사와 형용사는 이상 다섯 가지 원칙에 의해 서로를 구별할 수 있다. 물론 이 원칙들로도 어떤 단어가 동사인지 형용사인지 구별하기가 어려운 경우가 있다. 대표적으로 형용사 <있다>와 <없다>가 바로 그런 경우이다. 우선 <있다>와 <없다>는 셋째 원칙을 만족시킴으로써 동사적인 특징을 가진다. "앙꼬가 있는 찐빵"이나 "앙꼬가 없는 찐빵"에서 <있는>과 <없는>은 자연스럽게 쓰인다. 일반적인 형용사들은 불가능한 일이다. 그리고 두 형용사 중 <있다>는 <없다>보다 훨씬 더 동사적인 특징을 가진다. "철수는 여기 있어라."와 같이 명령형도 가능하고, "영희야 우리 여기 함께 있자."와 같이 청유형도 가능하다.

이렇게 보면, 형용사 <있다>와 <없다>를 '존재사'라 하여 새로운 품사로 인정해야 한다는 목소리가 설득력을 갖는다. 하지만 학교 문법에서는 이 두 단어만으로 하나의 품사를 더 만드는 일을 반기지 않는다. 사실 문법도 원칙이요 법칙이다. 그리고 원칙이든 법칙이든 지나치게 복잡해지는 일은 바람직하지 않다. 그래서 학교 문법은 형용사 중에는 동사적인 속성을 가진 단어가 있을 수도 있다고 예외를 인정하는 쪽이 더 합리적인 방법이라고 보는 것이다.

　참고로 동사일지라도 위의 다섯 가지 구별 원칙을 모두 다 만족시키지는 못한다. 예를 들어 <녹슬다> 같은 동사는 "쇠야 녹슬어라." 같은 명령형이나 "(열쇠 만드는 쇠가 말했다.)시계 만드는 쇠야 함께 녹슬자." 같은 청유형 문장이 불가능하다. 다섯째 원칙을 만족시키지 못하는 것이다. 또한 '녹슬다'는 넷째 원칙 역시 만족시키기 힘들다. '녹슬다'라고 하는 동사의 성격상, 이 동사와 호응하는 주어가 의지나 의도, 혹은 목적을 가질 수 없기 때문이다.

　이렇듯 문법은 아무리 철두철미하게 원칙을 만들어 놓는다 해도 예외가 있기 마련이다. 몇몇 예외 때문에 원칙에 대한 신뢰를 버릴 필요는 없다. 도리어 예외를 즐기는 편이 낫다. 예외를 골칫거리로 생각하면 공부하기도 어렵고 실제로 공부한 바를 써먹을 때도 고통이다. 어떤 일이건 그 일을 힘겨운 의무라기보다는 아무나 쉽게 누리기 어려운 행운으로 생각하면, 그 일을 할 때 콧노래가 나오지 않겠는가?

　그런 심리를 제대로 이용한 친구가 있었으니, 그 이름도 유명한 톰 소여이다. 마크 트웨인의 《톰 소여의 모험》에는 30야드에 걸친 울타리를 흰 페인트로 칠하는 일을 간단히 끝내 버린 톰 소여의 잔꾀가 재미있게 소개돼 있다. 톰 소여는 친구들로 하여금 페인트칠을 소수만이 누릴 수 있는 명예로 여기게 만들었던 것이다.

　엄청난 곤욕을 치러야만 하는 일을 간단히 해 치운 뒤 톰은 생각했다. 물론 마크 트웨인이 생각한 것이지만. 아래 글이 보여주는 재미있는 유머는 바로 마크 트웨인 특유의 것이다. 띄어쓰기에 유의하면서 읽어 보자. 띄어쓰기에 신경 쓰다 유머를 놓치지는 말기를.

이번 일로 톰은 스스로는 미처 알아차리지 못했지만 인간의 행동을 둘러싼 아주 큰 법칙을 발견했다. 즉 어른이든 아이든 뭔가를 애타게 원하게 하려면 그게 뭐든 간에 쉽사리 손에 넣을 수 없게 하면 된다는 것을. (…) 영국에는 많은 돈을 치러야 누릴 수 있는 특권이라는 이유로 여름에 말 네 마리가 끄는 여객 마차를 매일같이 20, 30마일이나 타고 다니는 부자 신사들이 꽤 있다. 하지만 그렇게 마차를 타고 다니는 대가로 돈을 받는다면 그것은 일이 될 테고, 그러면 부자 신사들은 그 일을 그만둘 것이다. - 마크 트웨인.《톰 소여의 모험》.

ⓐ 〈이번 일로〉은 〈이번일로〉와 같이 붙여 쓰지 않고 띄어 썼다.
ⓑ 〈알아차리지〉는 〈알아 차리다〉와 같이 띄어 쓰지 않고 붙여 썼다.
ⓒ 〈알아차리지 못했지만〉은 〈알아차리지못했지만〉과 같이 붙여 쓰지 않고 띄어 썼다.
ⓓ 〈둘러싼〉은 〈둘러 싼〉과 같이 띄어 쓰지 않고 붙여 썼다.
ⓔ 〈뭐든 간에〉는 〈뭐든간에〉와 같이 붙여 쓰지 않고 띄어 썼다.
ⓕ 〈네 마리〉는 〈네마리〉와 같이 붙여 쓰지 않고 띄어 썼다.
ⓖ 〈매일같이〉는 〈매일 같이〉와 같이 띄어 쓰지 않고 붙여 썼다.
ⓗ 〈타고 다니는〉은 〈타고다니는〉과 같이 붙여 쓰지 않고 띄어 썼다.
ⓘ 〈될 테고〉는 〈될테고〉와 같이 붙여 쓰지 않고 띄어 썼다.
ⓙ 〈그 일을〉은 〈그일을〉과 같이 붙여 쓰지 않고 띄어 썼다.
ⓚ 〈그만둘〉은 〈그만 둘〉과 같이 띄어 쓰지 않고 붙여 썼다.

형용사의 어미의 체계

　10장에 있는 동사의 어말 어미의 체계를 아래에 도식으로 나타낸 후 형용사에는 없는 어말 어미는 표시해 둔다. 크게 보면 형용사의 체계는 동사의 체계와 다른 점이 거의 없기 때문이다.

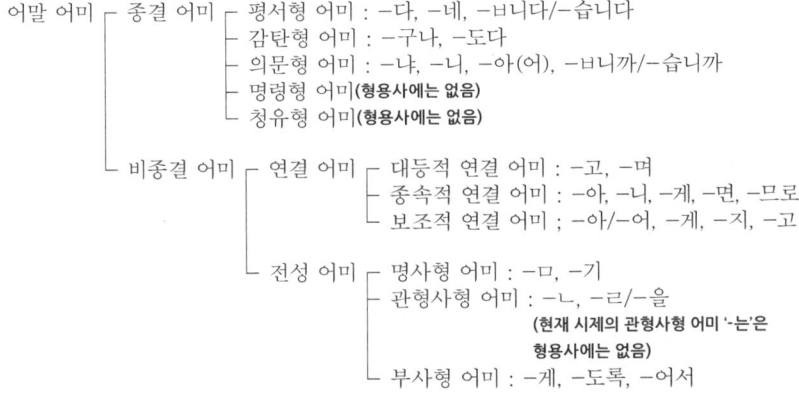

　더불어 10장에 있는 동사의 선어말 어미의 체계도 아래에 도식으로 나타낸 후 형용사에는 없는 선어말 어미는 표시해 둔다. 선어말 어미 역시 어말 어미와 마찬가지로 크게 보면 형용사의 체계나 동사의 체계나 다른 점이 거의 없기 때문이다.

선어말 어미 ┬ 높임 선어말 어미 : -시-
         ├ 시제 선어말 어미 : -ㅆ-/-았-/-었-, -겠-
         │   (현재 시제인 '-ㄴ-/-는-'은 형용사에는 없음)
         ├ 공손 선어말 어미 : -옵-, -사오-
         └ 회상 선어말 어미 : -더-

형용사의 부사형과 부사

전성 어미 중 부사형 어미, 그 중에서도 '-게'를 취해 부사어의 기능을 하게 된 활용형들을 좀 살펴보자. 예를 들면 "인형이 예쁘게 보인다."에서 <예쁘게>는 어간 '예쁘-'가 부사형 어미 '-게'를 취한 활용형이다. 바로 이런 활용형들을 살펴보겠다는 뜻이다. 이 문장에서 <예쁘게>는 품사는 형용사이지만 문장 성분은 부사어로서 서술어인 '보인다'를 수식한다.

형용사의 어미의 체계에 의하면 수없이 많은 활용형이 있는데, 왜 하필이면 부사형 어미를 취한 활용형들을 특별히 살펴볼까? 그 이유는 아래 든 3쌍의 단어와 예문을 보면 어느 정도 짐작이 될 것이다.

* 높게(형용사의 부사형) / 높이(부사)
    ex. "풍선을 높게 올렸다." / "풍선을 높이 올렸다."
* 깊게(형용사의 부사형) / 깊이(부사)

ex. "바다 속으로 깊게 들어갔다." / "바다 속으로 깊이 들어갔다."
* 길게(형용사의 부사형) / 길이(부사)
ex. "그 이름은 길게 빛날 것이다." / "그 이름은 길이 빛날 것이다."

<높게>와 <높이>, <깊게>와 <깊이>, <길게>와 <길이>, 이들은 어렵지 않게 그 유사성을 느낄 수 있고, 따라서 문장에서도 그다지 큰 차이 없이 쓰인다. 문제는 여기에 그치지 않는다. 일반적인 국어 사용자들은 형용사의 어간에 부사형 어미 '-게'를 취해 부사처럼 사용하는 일이 매우 잦다. 그래서 형용사의 부사형과 부사를 구별하지 못하는 사람들이 의외로 많은 것이다.

"예쁘게 보인다." "무지개가 찬란하게 빛난다." "멋지게 생겼다." 이 세 문장에서 <예쁘게>, <찬란하게>, <멋지게>, 이 세 부사형은 얼마나 부사 같은가! 부사형 어미 '-게'를 취해 부사 행세를 하기는 하지만 이들의 품사는 여전히 형용사이다. 즉 <예쁘다>, <찬란하다>, <멋지다>, 이 세 형용사의 수많은 활용형 중 부사형에 불과한 것이다. 그럼에도 불구하고 이들의 품사는 얼마나 부사 같은가!

형용사와 관련한 띄어쓰기

형용사는 동사와 함께 국어의 핵심적인 품사이다. 그리고 형용사의 어간과 어미들의 형태는 매우 다양하다. 따라서 형용사와 관련한 띄어쓰기도 동사 때와 마찬가지로 때로는 어간 때문에, 때로는 어미 때문에 아주 까다롭다. 형용사와 관련한 띄어쓰기가 어떻게, 그리고 어느 정도 까다로운지 살펴보도록 하자.

(1) 이 단어가 과연 형용사인가?

어떤 말이 형용사라면 하나의 단어이므로 통째로 붙여 쓰면 되는데, 그 말이 형용사인지 아닌지를 구분하기 힘든 경우가 많다. 예를 들어 확인해 보자. "내가 운영하는 식당에 손님이 하도 많이 와 하루 종일 <정신없었다>."에서 <정신없다>는 형용사일까? 즉 하나의 단어일까? "그 친구는 말하는 거 보면 아주 재수없다."에서 <재수없다>는 또 어떨까? <정신없다>, <재수없다>, 이 둘 모두 형용사이다.

그렇다면 <정신있다>나 <재수있다>도 과연 형용사일까? 둘 모두 형용사가 아니다. 따라서 <정신 있다>나 <재수 있다>로 띄어 써야 한다. 이들은 <정신이 있다>나 <재수가 있다>에서 조사 '이/가'가 생략된 말이다. "그렇게 갑자기 아들을 잃었으니 그 친구 <정신 있는> 게 신통한 거지." "오는 길에 돈을 주웠다. 오늘은 아주 <재수 있는> 날인가 보다." 등이 이 말들이 쓰인 예라 할 수 있다.

위에서 든 4가지 예만 봐도, 형용사의 띄어쓰기가 만만치 않음을 대번에 알 수 있다. 이들을 정리해 보면 다음과 같다. 퀴즈 대회에 나가기 위해서가 아니라면 무조건 외우는 일은 추천할 만한 공부법이 아니다. 도리어 책과 국어사전을 벗하고 사는 일이 최선이라고 생각한다.

* 정신없다(O)   정신 없다(×)
* 재수없다(O)   재수 없다(×)
* 정신 있다(O)   정신있다(×)
* 재수 있다(O)   재수있다(×)

참고로 이렇듯 두 개의 단어가 아닐까 의심되는 형용사는 대부분 합성 형용사들이다. 합성 형용사에 대해서는 17장에서 자세히 공부할 것이다.

(2) 이 부분이 과연 형용사의 어미인가?

형용사는 어미로 끝나는데, 어미 중에는 그것이 어미인지 아닌지를 확실히 알기 어려운 것들이 많다. 더욱이 7장에서 배운 것처럼 보조사가 어미에 붙는 경우도 있어, 띄어쓰기는 더욱 복잡해진다. 그러한 예들을 다음과 같이 정리해 보았다. 동사와 형용사의 유사성 때문에 당연한 일이지만, 예들 중에는 동사의 경우와 중복되는 것도 많다.

* -건마는 : 어미로서 '그럼에도 불구하고'의 뜻.
   ex. "그냥 그대로도 충분히 <예쁘건마는> 성형수술을 왜 해?"
* -고말고 : 어미로서 '아무렴 당연하다'의 뜻.
   ex. "엄마 저 예쁘죠?" "아무렴 <예쁘고말고>."
* -구만그래 : 어미 '-구만'과 보조사 '그래'의 결합
   ex. "얼굴이 참 예쁘구만그래."

* -기는커녕 : 어미 '-기'와 보조사 '는커녕'의 결합.
  ex. "배우처럼 〈예쁘기는커녕〉 일반인 중에서도 못생겼더라."
* -기로서니 : 어미로서 '양보하거나 인정하기 어려운'의 뜻.
  ex. "일처리가 좀 〈느리기로서니〉 괄시가 너무 심하다."
* -ㄴ걸 : 어미로서 '감탄이나 주장'의 뜻.
  ex. "저 선수는 아직도 움직임이 〈활발한걸〉. 참 대단한 체력이다."
* -ㄴ들 : 어미로서 '그렇다 해도'의 뜻.
  ex. "여행지가 아무리 〈멋진들〉 내 고향만 하겠냐?"
* -ㄴ만큼 : 어미로서 '원인, 이유'의 뜻.
  ex. "실력이 〈출중한만큼〉 이번 시험은 가볍게 통과할 것이라고 본다."
* -ㄴ바 : 어미로서 '배경이나 근거'의 뜻.
  ex. "원래 품행이 〈단정한바〉, 이번 일은 실수라고밖에 볼 수 없다."
* -ㄴ지 : 어미로서 '의문, 강조, 근거나 원인, 감탄'의 뜻.
  ex. "신랑이 어찌나 〈멋진지〉, 배우 해도 되겠더라고."
* -다니까 : 어미로서 '강조'의 뜻.
  ex. "그 친구 정말로 〈멋지다니까〉."
* -다마는 : 어미로서 '앞의 내용의 인정'의 뜻.
  ex. "얼굴이 〈예쁘다마는〉 그렇다고 배우가 될 정도는 아니다."
* -다마다 : 어미로서 '강조'의 뜻.
  ex. "아무렴 〈좋다마다〉."
* -답니까 : 어미로서 '반어적 긍정'의 뜻.
  ex. "누가 이 소설이 〈재미있답니까〉?"

* -답시고 : 어미로서 '빈정거림'의 뜻.
  ex. "돈 좀 <있답시고> 거들먹거리기는!"
* -대 : 어미로서 '의문, 의아함'의 뜻.
  ex. "신부가 <예쁘대>?" "글쎄 그렇다니까."
* -ㄹ걸 : 어미로서 '추측'의 뜻.
  ex. "이번에 가는 여행지는 아마도 <멋질걸>."
* -ㄹ라고 : 어미로서 '그럴 리가 없다'는 뜻.
  ex. "아무렴 여자 육상 선수가 남자 육상선수를 이길 만큼 <빠를라고>."
* -ㄹ망정 : 어미로서 '어떤 사실에 매이지 않음'의 뜻.
  ex. "아무리 <예쁠망정>, 마음씨가 착하지 않으면 안 사귄다."

(3) 어미가 후속되는 말과 함께 준말이 되면 붙여 쓴다.

구어체 문장에서는 어미와 그 뒤의 말이 줄어든 경우가 많다. 그럴 경우 모두 붙여 쓴다. 예를 들어 "엄마가 새로 사귀는 남자는 <멋지냐기에> 그렇다고 말씀드렸어."의 <멋지냐기에>는 <멋지냐고 물어보시기에>의 준말이다. 이때 <멋지냐기에>의 어미는 엄밀하게 말해서 <-냐>까지이다. 하지만 <냐기에>는 마치 하나의 어미처럼 느껴지기 때문에, 띄어 쓰지 않고 붙여 쓴다. 이런 경우가 구어체 문장에서는 비일비재하니, 형용사와 관련한 띄어쓰기를 매우 어렵게 만든다. 그러한 예들을 몇 가지 정리해 보았다. 이 예들은 동사의 경우와 크게 다르지 않다.

* -냐거든 : '냐고 물어보거든'의 준말로 하나의 어미처럼 붙여 쓴다.
  ex. "신부가 <예쁘냐거든>, 그렇다고 말해 줘라."
* -냐는 : '냐고 하는'의 준말로 하나의 어미처럼 붙여 쓴다.
  ex. "어이가 없는 게, 그 친구 말이 우리 딸이 뭐가 <예쁘냐는> 거야."
* -냐니까 : '냐고 물어보니까'의 준말로 하나의 어미처럼 붙여 쓴다.
  ex. "신부가 <예쁘냐니까>, 아무 말도 안 하더라고."
* -내 : '-냐고 해'의 준말로 하나의 어미처럼 붙여 쓴다.
  ex. "철수가 뭐라고 하니? 내가 정말 <아프내>?"
* -다는구나 : '-다고 하는구나'의 준말로 하나의 어미처럼 붙여 쓴다.
  ex. "영희는 아이 셋 낳고 중년이 되었어도 여전히 <예쁘다는구나>."
* -다건만 : '-다고 하건만'의 준말로 하나의 어미처럼 붙여 쓴다.
  ex. "형만 한 아우 <없다건만>, 그 형이란 사람은 아주 비양심적인 사람이구만."
* -다든지 : '-다고 하든지'의 준말로 하나의 어미처럼 붙여 쓴다.
  ex. "영화가 <재미있다든지> <재미없다든지> 말을 해 봐."
* -다잖아 : '-다고 하잖아'의 준말로 하나의 어미처럼 붙여 쓴다.
  ex. "이번엔 기대해 봐. 상대가 배우처럼 <멋지다잖아>."
* -대 : '-다고 해'의 준말로 하나의 어미처럼 붙여 쓴다.
  ex. "그 친구가 정말 <사내답대>"

실제로 국어사전을 찾아보니

* 가뭇없다(눈에 띄지 않게 감쪽같다)
* 갈쌍갈쌍하다(얼굴이 파리하고 몸이 야윈 듯하나 단단하고 굳센 기상이 있다.)
* 감때사납다(사람이 억세고 사납다)
* 강밭다(몹시 야박하고 인색하다)
* 객쩍다(행동이나 말, 생각이 쓸데없이 싱겁다)
* 결곡하다(얼굴 생김새나 마음씨가 깨끗하고 여무져서 빈틈이 없다)
* 고비늙다(지나치게 늙다)
* 고자누룩하다(한참 떠들썩하다가 조용하다)
* 곰살갑다(성질이 보기보다 상냥하고 부드럽다)
* 구쁘다(배 속이 허전해 자꾸 먹고 싶다)
* 구순하다(서로 사귀거나 지내는 데 사이가 좋아 화목하다)
* 그악스럽다(끈질기게 억척스러운 데가 있다)
* 깨끔하다(깨끗하고 깔끔하다)
* 끌밋하다(모양이나 차림새 따위가 매우 깨끗하고 헌칠하다)

　　조항범 교수가 지은 《우리말 활용 사전》의 'ㄱ'편에 나오는 고유어 형용사들을 뜻과 함께 나열해 보았다. 이상 14가지의 고유어 형용사들에는 우리 민족의 고유의 흥취가 배어 있다. 따라서 우리의 고유어를 되살리려는 노력은 글을 쓰거나 읽는 사람에게 매우 가치 있는 일이다.

14가지 형용사 중 우리는 불과 한두 개나 알고 있을까? 하지만 상관없다. 우리는 거의 본능적으로 이 형용사들이 주는 흥취를 어느 정도는 느낄 수 있다.

대부분의 실력 있는 문인들, 그리고 전 국립중앙박물관장 고 최순우 선생, 미술평론가 손철주 씨, 철학자 김영민 교수, 이런 분들의 글을 읽을 때면, 위에 나열한 14가지 고유어 형용사보다 더 낯선 형용사들에 기죽기도 하고 마음 뿌듯하기도 하다. 우리 고유어들의 보고(寶庫)라 해도 과언이 아니다.

반복해 언급하지만 동사와 형용사는 국어에서 가장 다채롭고 자주 쓰이는 중요한 품사이다. 그리고 그 품사에 속하는 단어 역시 다른 어떤 품사보다도 많다. 따라서 고유어 동사와 고유어 형용사는 국어 생활을 보다 풍요롭게 만드는 데 크게 기여할 수 있다.

조항범 교수는 《우리말 활용 사전》에서 위에 소개한 14가지의 고유어 형용사 중 하나인 '구순하다'가 고 박완서 선생의 소설 《미망》에서 사용된 예를 친절하게 들어 주고 있다. **"새사람이 들어와서 모처럼 구순해진 집안에 평지풍파 일으키지 말게."** 글과 벗하는 사람들이 모여 사는 집안도 그렇게 구순하게 가꿔 보자. 쓸데없이 난해한 외국어나 번역어로 평지풍파 일으키지 말고 말이다. 그런 뜻에서 박완서 선생의 문장을 이루는 단어들을 국어사전에서 찾아보고, 띄어쓰기도 설명해 보자.

ⓐ <새사람>의 '새'는 접두사인데, 이에 대해서는 17장에서 공부할 것이다. 만약 '새'가 관형사였다면 <새 사람>과 같이 띄어 썼을 것이다.

ⓑ <들어와서>는 동사이다. 즉 한 단어인 것이다. 따라서 <들어 와서>와 같이 띄어 써서는 안 된다.

ⓒ <구순해진>은 본 용언 <구순하다>에 보조적 연결 어미 '-아'가 결합되고, 보조 용언 <지다>의 관형사형인 <진>이 연결된 것이다. 12장에서 지적했듯이 <지다>는 본 용언에 반드시 붙여 써야 하는 보조 용언이었다. 따라서 원래는 <구순하->에 <-아>와 <진>이 결합되면서 <구순하아진>이 되어야 했다. 하지만 <구순하다>가 '여'불규칙 동사이므로 어미 <-어>가 <-여>로 바뀌어 <구순하여진>이 되었다. 그리고 <구순하여진>이 줄어 <구순해진>이라는 준말이 됨으로써 모든 결합 과정이 끝난 것이다.

ⓓ <일으키지 말게>도 본 용언에 보조 용언이 이어진 말이다. 원칙대로 <일으키지>와 <말게>를 띄어 썼다. <말게>는 중간쯤 되는 높임의 말이다. 낮춤의 말이었다면 <말아라>가, 높임의 말이었다면 <마세요> 혹은 <마십시오>가 쓰였을 것이다.

〈13장 연습문제〉

앞에서 마크 트웨인의 《톰 소여의 모험》에서 인용한 글을 읽었다. 그 글을 전부 붙여 써 놓았으니, 띄어 써야 할 마디에 체크해 보자. 정답은 앞서 읽었던 인용문에서 확인하면 된다. 한편 [부록1](235쪽)에 이 문제에 대해 풀이를 해 놓았다. 이 책을 다 읽고 나야 온전히 이해할 수 있지만, 성미 급한 독자라면 지금 한번 보는 것도 나쁘지 않다.

이번일로톰은스스로는미처알아차리지못했지만인간의행동을둘러싼아주큰법칙을발견했다.즉어른이든아이든원가를애타게원하게하려면그게뭐든간에쉽사리손에넣을수없게하면된다는것을.(…) 영국에는많은돈을치러야누릴수있는특권이라는이유로여름에말네마리가끄는여객마차를매일같이20, 30일이나타고다니는부자신사들이꽤있다.하지만그렇게마차를타고다니는대가로돈을받는다면그것은일이될테고,그러면부자신사들은그일을그만둘것이다.

14장

형용사와 관련한 띄어쓰기_2

불규칙 형용사의 종류

불규칙 형용사에는 어간의 형태가 바뀌는 경우, 어미의 형태가 바뀌는 경우, 어간과 어미의 형태가 모두 바뀌는 경우, 이렇게 세 가지가 있다. 국어에는 아주 다양한 불규칙 형용사가 있으니 주의를 요한다. 남기심·고영근 교수의 《표준국어문법론》을 주로 참조하여 불규칙 형용사의 종류를 정리해 보면 다음과 같다.

(1) 어간이 불규칙적인 경우

① 'ㅅ' 불규칙 형용사

〈낫다〉(더 좋다)는 모음으로 시작하는 어미 '-아/-어'를 만나면 '나아'와 같이 받침 'ㅅ'이 탈락된다. 그래서 우리는 〈낫다〉를 'ㅅ' 불규칙 형용사라 한다. 'ㅅ' 불규칙 형용사는 〈낫다〉 하나뿐이다.

② 'ㅂ' 불규칙 형용사

"〈덥다〉, 〈춥다〉, 〈곱다〉"는 모음으로 시작하는 어미, '-아/어'를 만나면 "더워, 추워, 고와"와 같은 활용형이 된다. 그 과정을 살펴보자. 우선 받침 'ㅂ'이 '우/오'로 바뀌어 어간이 '더우-, 추우-, 고오-'가 되고, 이렇게 바뀐 어간이 '-아/-어'를 만나 "더워, 추워, 고와"와 같은 활용형이 된 것이다. 참고로, 모음 '오/우'가 '아/어'와 만나 '와/워'로 되는 일은 국어에서 매우 규칙적인 현상이다. 이렇듯 어간의 'ㅂ'이 '우/오'로 바뀌는 "<덥다>, <춥다>, <곱다> 등"을 우리는 'ㅂ'불규칙 형용사라고 부른다.

③ '르' 불규칙 형용사

"<부르다>(포만감을 느끼다), <이르다>(너무 빠르다)" 등은 모음으로 시작하는 어미, 예를 들면 '-아/-어'를 만나면 "불러, 일러"와 같이 활용한다. 어간 '부르-, 이르-'에서 'ㅡ'가 탈락하고 'ㄹ'이 새로 생김으로써, 결국 어간은 '불ㄹ-, 일ㄹ-'로 변하고 이 어간이 '-아/-어'를 만나 최종적으로 "불러, 일러"가 되는 것이다. 그래서 우리는 이들을 '르'불규칙 형용사라고 부른다.

(2) 어미가 불규칙적인 경우

① '여' 불규칙 형용사

"<깨끗하다>, <순수하다>"와 같이 '하다'로 끝나는 형용사들은 어미 '-아/-어'와 결합하면 '깨끗하여, 순수하여'와 같이 어미가 '-여'로 변한다. 우리는 이렇듯 어미 '-아/-어'를 '여'로 변화시키는 형용사들을 '여'불규칙 형용사라 부른다.

② '러' 불규칙 형용사

"<누르다>, <푸르다>"는 모음 어미로 시작하는 어미, 예를 들어 '-아/-어'를 만나면 "누르어, 푸르어"가 아니라 "누르러, 푸르러"와 같이 된다. 즉 어미 '-어'가 '-러'로 바뀌는 것이다. 그래서 이 두 형용사를 우리는 '러' 불규칙 형용사라 부른다. 이러한 불규칙한 현상을 보이는 형용사는 "<누르다>, <푸르다>," 이 둘뿐이다.

(3) 어간과 어미 모두가 불규칙적인 경우

* 'ㅎ' 불규칙 형용사

'빨갛다, 파랗다, 노랗다' 등은 현재 시제 관형사형 어미, '-ㄴ'과 결합하면 "빨간, 파란, 노란"과 같이 된다. 즉 어간의 'ㅎ'이 사라지는 것이다. 하지만 종결 어미 '-아'와 만나면 "빨개, 파래, 노래"가 된다. 즉 어간의 'ㅎ'이 사라질 뿐 아니라 어미 '-아'도 '-애'로 바뀌는 것이다. 이렇듯 어간과 어미 모두가 불규칙적인 이들 형용사를 'ㅎ' 불규칙 형용사라고 부른다. 어간과 어미 모두가 불규칙적인 경우는 'ㅎ' 불규칙 형용사뿐이다.

형용사적 속성을 가진 보조 용언

(1) 희망

* <싶다>
  ex. "나는 이탈리아를 여행하고 <싶다>."

(2) 부정

* <않다>
  ex. "그는 성격이 까다롭지 <않다>."
* <못하다>
  ex. "그는 매사에 신중하지 <못하다>."

(3) 추측

* <보다>
  ex. "저 친구가 전학 온 학생인가 <보다>."
* <싶다>
  ex. "내가 그 친구에게 지나치게 화냈나 <싶다>."

(4) 상태

* <있다>
  ex. "그 친구는 하루 종일 누워 <있다>."
* <계시다>
  ex. "아버지는 하루 종일 누워 <계신다>."

(5) 시인

* <하다>
  ex. "그 친구가 공부는 못해도 성격이 좋기는 <하다>."

한편 논란의 여지가 있어 위에 소개하지는 못했지만, 실제로는 보조 용언과 거의 같이 쓰이는 말들이 있다. 보조 용언이라 생각하고 반드시 선행하는 용언과 띄어 써야 한다.

* "어제 물에 빠져죽을 <뻔하다>."의 <뻔하다>
* "곰 앞에서 나는 죽은 <체했다>."의 <체하다>
* "엄마가 화가 나신 <양하여> 철수는 제 방에서 나오지도 못했다."의 <양하다>
* "세상은 복잡한 <듯하면서> 단순한 점이 있다."의 <듯하다>
* "그는 궁지에 몰릴까 두려워 그 사실을 모르는 <척했다>."의 <척하다>

* "그 소설에는 있을 <법하지> 않은 이야기들이 가득했다."의 <법하다>
* "그렇게 하는 게 좋을 <성싶다>."의 <성싶다>

보조 용언과 관련한 띄어쓰기

보조 용언과 관련한 띄어쓰기는, 보조 용언이 동사적 속성을 갖고 있든, 형용사적 속성을 갖고 있든 관계없이 이렇다. 본 용언과 보조 용언은 띄어 쓰는 것이 원칙이나 붙여 써도 무방하다. 띄어쓰기의 원칙은 이토록 단순하다. 늘 그렇듯 가치 있는 원칙이나 규칙은 단순하다.

문득 소크라테스 이전 시대의 철학자 파르메니데스의 '존재의 원칙'이 생각난다. "있는 것은 있고, 없는 것은 없다." 이 단순하기 짝이 없는 동어반복은 2천5백 년 동안 서양 철학사에 가장 중요한 개념을 탄생시켰다. 고사카 슈헤이는 《함께 가 보는 철학사 여행》에서 그 개념을 다음과 같이 설명하고 있다.

'없는 것'을 생각한다는 것은 무의미하다. 다음에 '있다'고 하는 것을 생각하여 '있는 것'이 무엇인가로부터 생겨났다고 말하면, 생겨나기 전에는 이 '있는 것'은 없었던 것이 된다. 그러므로 '있는 것'은 생기지도 않고 끝나지도 않는다. (…) 파르메니데스의 '있다(존재하다)'를 통해 완전하고 변화하지 않는 '존재'라는 생각이 생겨났다. - 고사카 슈헤이.《함께 가 보는 철학사 여행》.

서양철학사상 수많은 원칙들이 등장했지만, 그래서 파르메니데스의 원칙에 반기를 드는 철학도 수없이 생겨났지만, 그렇다고 해서 그의 원칙의 가치가 줄어들지는 않았다. 단순하지만 가치 있는 원칙의 힘은 이런 것이다. 띄어쓰기에 신경 쓰면서, 고사카 슈헤이의 글을 읽어 보자.

ⓐ <없는 것>은 <없는것>과 같이 붙여 쓰지 않고 띄어 썼다.
ⓑ <생겨났다고>는 <생겨 났다고>와 같이 띄어 쓰지 않고 붙여 썼다.
ⓒ <생기지도 않고>는 <생기지도않고>와 같이 붙여 쓰지 않고 띄어 썼다.

둘 이상의 보조 용언

보조 용언과 관련한 띄어쓰기 중 하나 더 알아둘 것이 있다. 보조 용언은 본 용언 뒤에 두 개 이상 나타날 수 있다. 예를 들어 보자. "아내는 그 책을 읽어 보고 싶지 않았다." 이 문장에서 본 용언은 <읽고>이다. 그 뒤에 우선 '시행'의 뜻을 더해 주는 보조 용언 <보고>가 이어졌고, 다음에는 '희망'의 뜻을 더해 주는 보조 용언 <싶지>가, 마지막으로는 '부정'의 뜻을 더해 주는 <않았다>가 이어졌다.

그렇다면 원칙대로 "아내는 그 책을 읽어 보고 싶지 않았다."로 쓰면 큰 탈은 없다. 하지만 지나치게 많은 단어들을 계속해서 띄어 쓰는 문장은 읽는 사람을 다소 지루하게 할 수 있다. 그렇다면 보조 용언들을 "아내는 그 책을 읽어보고싶지않았다."와 같이 모두 붙여 쓰면 어떤가? 그러나 읽는 사람은 더욱 불편해질 것 같다.

　그러므로 본 용언과 보조 용언을 붙여 써도 무방하다는 점을 적절히 이용할 필요가 있다. "아내는 그 책을 읽어보고 싶지 않았다."쯤이 적당하지 않을까. 물론 '적당하다'는 기준은 국어 사용자마다 다를 것이다. 하지만 적어도 "아내는 그 책을 읽어 보고싶지 않았다."와 같은 띄어쓰기에는 대부분의 국어 사용자들이 그다지 좋은 점수를 주지 않을 것 같다.

　어쨌든 보조 용언이 두 개 이상 연결될 때는, 글을 읽을 사람에게 배려하는 마음을 가지고 붙여 쓸 것은 붙여 쓰고 띄어 쓸 것은 띄어 써야 할 것이다. "본 용언과 보조 용언은 띄어 쓰는 것이 원칙이나 붙여 써도 무방하다."와 같이 원칙의 예외를 허용한 것도 그 때문일 것이다. 부디 명심할 일이다. 띄어쓰기 하나에서도 글을 쓰는 사람의 인격과 실력을 엿볼 수 있다.

실제로 국어사전을 찾아보니

　프랑스의 언론인이자 전문 편집인이었던 피에르 제르마는 인류가 지어낸 모든 것들에 관한 역사와 창의의 과정을 다룬 책 《이것이 세상이다》에서 '지구의 나이'를 다음과 같이 1년 365일로 환산해 설명하고 있다. 피에르 제르마의 배려심이 돋보이는 글이라 소개한다.

"「딛고 선 대지 위의 모든 것이 궁금하다」고 보들레르는 노래했다. 궁금하기로는 먼저 '지구의 나이'가 얼마나 되었는가도 빼놓을 수 없는 항목이다. 20세기 들어 지구과학자들이 평균적으로 산출한 지구의 나이는 45억 살에서 60억 살 가량이다. 지표면의 가장 오래된 암석을 기준으로 하면 지구의 나이는 적어도 40억 살은 족히 넘는다. 그러나 이러한 숫자들은 얼른 감이 와 닿지 않는다. 좀더 명확하고 구체적인 이해를 위해 이 '존속' 기간을 열두 달로 바꾸어 생각해 보자.

1월 1일 지구가 탄생했다. 그리고 2월에 지각이 형성되었다. 이르게는 3월에 늦게는 6월 전에 바다의 여신, 즉 원시 대양이 출현했다. 그 사이 4월에는 생명체가 탄생했고, 11월에 생명체가 화석으로 변했다. 공룡은 12월 중순경에 지구를 누비고 다녔다. 인간이 지구에 출현한 것은 맨 마지막 주의 마지막 날이다. 더 나아가 인간이 다른 동물들 위에 만물의 영장으로 군림하게 된 것은 365일째 되는 날 22시 30분경으로 추정된다. 참고로 보들레르는 약 150년 전 삶과 죽음을 노래하며 살다간 프랑스 시인이다."

띄어쓰기는 글을 쓸 때 지켜야 하는 까다로운 규범일 수도 있지만, 배려의 수단일 수도 있다. 노련한 편집인이었던 피에르 제르마의 독자에 대한 세심한 배려도 기본적인 어문규정을 지키며 독자를 생각하는 작은 배려에서 출발했을지도 모른다. **"띄어쓰기 하나에서도 글을 쓰는 사람의 인격과 실력을 엿볼 수 있다."** 이 문장의 뜻을 음미하며, 사용된 단어도 국어사전에서 찾아보고, 띄어쓰기도 설명해 보자.

ⓐ <에서도>는 격조사 <에서>와 보조사 <도>의 결합이다.
ⓑ <엿보다>는 '남몰래 보거나 살피다' 혹은 '짐작으로 어림잡아 알다'의 뜻을 갖는데, 이 문장에서는 전자의 뜻으로 쓰였다.
ⓒ <수>는 의존 명사로서, 주로 '있다', '없다'와 함께 쓰여, '어떤 일을 할 만한 능력이나 방법, 혹은 가능성'을 나타내는 말이다. '있다', '없다' 이외의 용언과 쓰이면 의존 명사가 아니라 자립 명사로서, '어떤 일을 해결하거나 처리하는 방법'이라는 뜻을 가진다. 즉 "열심히 궁리하다 보면 무슨 <수>가 나겠지."의 <수>는 자립 명사이다.

〈14장 연습문제〉

앞에서 고사카 슈헤이의 《함께 가 보는 철학사 여행》에서 인용한 글을 읽었다. 그 글을 전부 붙여 써 놓았으니, 띄어 써야 할 마디에 체크해 보자. 정답은 앞서 읽었던 인용문에서 확인하면 된다. 한편 [부록1] (237쪽)에 이 문제에 대해 풀이를 해 놓았다. 이 책을 다 읽고 나야 온전히 이해할 수 있지만, 성미 급한 독자라면 지금 한번 보는 것도 나쁘지 않다.

'없는것'을생각한다는것은무의미하다. 다음에'있다'고하는것을생각하여'있는것'이무엇인가로부터생겨났다고말하면, 생겨나기전에는이'있는것'은없었던것이된다. 그러므로'있는것'은생기지도않고끝나지도않는다. (…) 파르메니데스의'있다(존재하다)'를통해완전하고변화하지않는'존재'라는생각이생겨났다.

15장

접두 파생어와 관련한 띄어쓰기

조어론

　단어의 짜임새에 관한 문법 공부를 '조어론(造語論)'이라 한다. 조어론은 단어가 어떻게 만들어지는가에 대한 공부를 의미한다. 다음과 같은 예를 보자. "<별>, <말>, <고추>, <일>, <벗>, <먹다>, <노래>." 이런 단어들은 아무리 뜯어보아도 짜임새라 할 것이 없다. 즉 단어를 이루는 구성 요소가 단 하나란 말이다.

　이렇게 반문할 사람이 있을 수 있겠다. "<먹다>의 경우는 어간 <먹->과 어미 <-다>, 이렇게 둘로 이루어진 단어가 아닌가?" 하지만 동사나 형용사처럼 활용을 하는 단어의 경우 조어론은 어간에서만 이루어진다. 즉 <먹다>의 경우, 어간 <먹->의 짜임새만을 본다는 말이다. 따라서 <먹다>는 단어를 이루는 구성 요소가 <먹-> 하나이다.

　"<별>, <말>, <고추>, <일>, <벗>, <먹다>, <노래>."를 다음과 같은 예와 비교해 보자. 그러면 이들이 단어를 이루는 구성 요소가 단 하나라는 점이 확연히 드러날 것이다. "<별빛>, <머리말>, <풋고추>, <볼일>, <길벗>, <먹이다>, <노래하다>." 이런 단어들은 한눈에 보기에도 단어를 이루는 구성 요소가 둘이 아닌가?

　<먹이다>의 경우 우리의 관심사는 어간 <먹->이다. 즉 조어론에서는 어간 <먹->에 사동의 뜻을 가진 접미사 <-이->가 붙어 <먹이->가 되었다고 설명하는 것이다. 결국 <먹이다>는 구성 요소가 <먹->과 <-이->, 이렇게 둘이다.

　이렇듯 단어는 그 단어를 이루는 구성 요소가 단 하나인 경우와 둘

이상인 경우로 나눌 수 있다. 단 하나인 경우 그 단어를 '단일어', 둘 이상인 경우 그 단어를 '복합어'라 한다.

국어의 단어를 이루는 구성 요소에는 세 가지가 있다. 어근(語根 : 말의 뿌리), 접두사, 접미사, 이 셋이 그것이다. 접두사와 접미사는 합쳐서 '접사'라고 한다. 구성 요소 중 핵심이 되는 것은 어근이다. 그리고 그 어근에 접두사, 접미사가 붙으면 새로운 단어가 만들어진다. 접두사는 어근 앞에 붙고, 접미사는 어근 뒤에 붙는다. 물론 접두사와 접미사가 붙지 않고 오직 어근 둘 이상이 합쳐져 새로운 단어가 만들어질 때도 있다. 어근에 접사가 붙어 만들어진 새로운 단어는 '파생어'라 하고, 둘 이상의 어근이 합쳐져 만들어진 새로운 단어는 '합성어'라 한다.

```
단어 ┬ 단일어
     └ 복합어 ┬ 파생어 ┬ 접두 파생어
              │         └ 접미 파생어
              └ 합성어
```

<풋고추>는 접두사 <풋->과 어근 <고추>가 합쳐져 만들어진 단어이므로 '파생어'이고, "<노래방>, <먹이다>"도 어근 "<노래>, <먹다>"와 접미사 "<-방>, <-이->"가 합쳐져 만들어진 단어이므로 '파생어'이다. 이때 접두사가 있는 파생어를 '접두 파생어', 접미사가 있는 파생어를 '접미 파생어'라 한다. 한편 "<별빛>, <머리말>, <볼일>, <길벗>." 이런 단어들은 어근과 어근이 결합해 만들어진 단

어이므로 '합성어'이다.

　조어론은 띄어쓰기를 위해서 반드시 필요한 공부이지만, 그렇다고 띄어쓰기를 위해서만 필요한 공부는 절대 아니다. 띄어쓰기 공부 덕분에 조어론도 공부하게 된 우리는 어이없게도 매우 낯선 국어 단어의 얼굴을 쳐다보게 된다. 단 한 번도 진지하게 쳐다본 적 없던 단어들의 짜임새를 보게 된다. 국어에 대한, 그리고 국어 단어에 대한 매우 새로운 경험을 하게 되는 것이다.

　헬렌 켈러도 비록 가정에 그친 수필을 통해서이지만 그런 새로운 경험을 했다. 그녀는 《사흘만 볼 수 있다면》에서, 사흘 동안 자신에게 온전한 시력이 허락된다고 가정하고, 보고 싶고 간직하고 싶은 것들을 간절한 마음으로 적어 보았다. 그리고 보는 데 문제가 전혀 없는 사람들에게도 광명의 사흘을 가정해 보기를 당부하고 있다. 띄어쓰기에 유념하면서 그 뜻을 헤아려 읽어 보자.

　여러분이 실제로 그런 운명에 처해진다면 여러분의 눈은 이전엔 결코 본 적이 없는 것들을 보게 될 것이며, 다가올 기나긴 밤을 위해 그 기억들을 저장할 것입니다. 그리고 자신의 눈을 이전과는 전혀 다르게 사용할 것이며, 눈에 보이는 모든 것들이 소중하게 느껴질 겁니다. - 헬렌 켈러.《사흘만 볼 수 있다면》.

ⓐ 〈처해진다면〉은 〈처해 진다면〉과 같이 띄어 쓰지 않고 붙여 썼다.
ⓑ 〈본 적이〉는 〈본적이〉와 같이 붙여 쓰지 않고 띄어 썼다.
ⓒ 〈보게 될〉은 〈보게될〉과 같이 붙여 쓰지 않고 띄어 썼다.
ⓓ 〈다가올〉은 〈다가 올〉과 같이 띄어 쓰지 않고 붙여 썼다.

접두사의 특징

접두사는 어근 앞에 붙어 어근의 의미를 바꿈으로써 새로운 단어를 만든다. 그런데 접두사는 어근의 의미를 바꾸는 데 그치지 어근의 품사까지는 바꾸지 못한다. <풋->이라는 접두사가 어근 <고추>에 붙어 <풋고추>라는 새로운 단어가 만들어졌지만 <고추>의 품사나 <풋고추>의 품사나 모두 명사이다. 이런 일은 <풋->이라는 접두사에만 해당되는 것이 아니라 모든 접두사에 다 해당된다.

이는 접미사가 어근에 붙어 새로운 단어를 만들 때 품사까지 바꿔 버리는 것이 예사인 점과 대조된다. 접미사 <-이->가 붙어 <먹다>가 <먹이다>가 된 경우는 품사까지 바뀌지는 않았다. 하지만 접미사 <-하->가 붙어 <노래>가 <노래하다>가 된 경우는 품사가 명사에서 동사로 바뀐다.

국어 사용자들은 오랜 세월 동안 많은 수의 접미사를 개발하여 활발하게 사용함으로써, 어휘의 수를 대폭 늘려 왔다. 상대적으로 수가 적은 접두사는 명사, 동사, 형용사 어근에만 붙는다. 특히 '사람'이나 '동식물'을 가리키는 명사에 집중적으로 붙는다. 이는 모든 품사에 붙는 접미사와 대조적이다.

접두사의 종류

접두사의 분류와 예들은 이익섭·채완 교수의 《국어문법론강의》를 주로 참조했다.

(1) 사람을 가리키는 명사에 주로 붙는 접두사

<맏->, <숫->, <홀->, <골->, <밭->. 이들은 사람을 가리키는 명사 어근에 주로 붙어 접두 파생어를 만든다. <맏형>, <맏사위>, <맏아들>, <숫처녀>, <숫총각>, <홀어머니>, <홀시아버지>, <홀몸>, <골샌님>, <골생원>, <밭사돈>, <밭상제> 등이 그러한 접두 파생어이다. <골->은 '하던 일이 몸에 배어 다른 물정을 잘 모르는'의 뜻을 갖고, <밭->은 '바깥, 혹은 남자'의 뜻을 갖는다. <밭사돈>은 '사위나 며느리의 친아버지를 양쪽 사돈집에서 서로 이르는 말'이고, <밭상제>는 '남자 상제'를 말한다.

(2) 동식물을 가리키는 명사에 주로 붙는 접두사

<갈->, <수/수ㅎ>, <암/암ㅎ->, <풋->, <해/햅/햇->. 이들은 동식물을 가리키는 명사 어근에 주로 붙어 접두 파생어를 만든다. <갈까마귀>, <갈고등어>, <수캐>, <수탉>, <암캐>, <암탉>, <풋김치>, <풋나물>, <해콩>, <햅쌀>, <햇감자> 등이 그러한 접두 파생

어이다. <갈->은 '갈색을 띤 흰색의'의 뜻을 갖는다.
(3) 기타 명사에 붙는 접두사

<맨->, <알->, <외-> <한->, <홑->, <덧->. 이들은 명사 어근에 붙어 접두 파생어를 만든다. <맨손>, <맨주먹>, <맨발>, <알몸>, <알부자>, <외기러기>, <외길>, <한밑천>, <한시름>, <한가운데>, <한겨울>, <한복판>, <홑겹>, <홑바지>, <홑이불>, <덧버선>, <덧니>, <덧문> 등이 그러한 접두 파생어이다.

(4) 용언에 붙는 접두사

<되->, <들->, <새/샛-/시->, <휘/휩->. 이들은 용언 어근에 붙어 접두 파생어를 만든다. <되돌아보다>, <되묻다>, <되새기다>, <들까불다>, <들끓다>, <들볶다>, <새까맣다>, <새하얗다>, <새파랗다>, <샛노랗다>, <시꺼멓다>, <시뻘겋다>, <시퍼렇다>, <휘갈기다>, <휘감다>, <휘두르다>, <휩쓸다> 등이 그러한 접두 파생어이다.

(5) 명사와 용언에 다 붙는 접두사

<덧->, <치->, <헛->. 이들은 명사 어근이나 용언 어근에 붙어 접두 파생어를 만든다. <덧버선>, <덧신>, <덧나다>, <덧씌우다>, <치사랑>, <치솟다>, <헛기침>, <헛웃음>, <헛디디다>, <헛되다> 등이 그러한 접두 파생어이다.

(6) 한자어 접두사

<시(媤)->, <외(外)->, <준(準)->, <신(新)->, <몰(沒)->, <무(無)->, <미(未)->. 이들은 명사 앞에 붙어 접두 파생어를 만든다. <시어머니>, <시누이>, <외할머니>, <외손자>, <준우승>, <준회원>, <신세계>, <신자유주의>, <몰지각>, <몰상식>, <무의미>, <무결점>, <미등록>, <미완성> 등이 그러한 접두 파생어이다.

접두사와 관련한 띄어쓰기

접두사와 관련한 띄어쓰기는 관형사와 접두사를 구별하는 일을 말한다. 접두사와 관형사는 뒤에 오는 명사를 수식한다는 면에서 공통점이 있기 때문에 띄어쓰기를 할 때 주의를 요한다. 어떤 말이 관형사일 경우는 뒤에 오는 명사와 띄어 써야 할 것이고, 그 말이 접두사일 경우는 붙여 써야 할 것이다. 그럼 관형사와 접두사는 어떻게 구별할 수 있을까?

우선 대부분의 관형사는 아주 많은 명사를 수식할 수 있지만, 접두사는 그렇지 못하다. 하나의 예로 관형사 <새>와 접두사 <맨->을 비교해 보자. 관형사 <새>는 <새 신부>, <새 집>, <새 아파트>, <새 구두>, <새 시계>, <새 책>, <새 책장>, <새 컵> 등 수를 셀 수 없을 만큼 많은 명사들을 수식할 수 있다. 하지만 접두사 <맨->이 명사 어근을 수식하면서 붙은 경우는 <맨손>, <맨주먹>, <맨발>, <맨

입〉, 〈맨땅〉, 〈맨눈〉. 아마 이 정도쯤 외에는 그리 많지 않을 것이다.

다음 대부분의 관형사는 수식하는 명사 앞에 다른 단어를 개입시킬 수 있지만, 접두사는 그런 일이 불가능하다. 이번에도 관형사 〈새〉와 접미사 〈맨-〉을 비교해 보자. 〈새 임대 아파트〉, 〈새 명품 시계〉, 〈새 경제학 책〉, 〈새 나무 책장〉, 〈새 유리 컵〉은 가능하다. 하지만 〈맨큰주먹〉, 〈맨마당발〉, 〈맨언땅〉, 〈맨가는눈〉은 불가능하다.

이렇게 관형사와 접두사를 구별하는 방법이 두 가지 정도 있음에도 불구하고, 여전히 둘 사이의 구별은 쉽지 않다. 특히 한자어 관형사와 한자어 접두사를 구별하는 것은 힘든 일이다.

"〈시(媤)-〉, 〈외(外)-〉, 〈준(準)-〉, 〈신(新)-〉, 〈몰(沒)-〉, 〈무(無)-〉, 〈미(未)-〉"가 관형사가 아니라 접두사임을 알고, 이들이 어근 앞에 붙어 만든 "〈시어머니〉, 〈시누이〉, 〈외할머니〉, 〈외손자〉, 〈준우승〉, 〈준회원〉, 〈신세계〉, 〈신자유주의〉, 〈몰지각〉, 〈몰상식〉, 〈무의미〉, 〈무결점〉, 〈미등록〉, 〈미완성〉" 등을 능숙하게 붙여 쓸 수 있는 사람이 과연 얼마나 있을까?

"〈모(某)〉, 〈현(現)〉, 〈전(前)〉, 〈본(本)〉, 〈귀(貴)〉, 〈타(他)〉, 〈각(各)〉, 〈고(故)〉, 〈매(每)〉"가 접두사가 아니라 관형사임을 정확히 알고, 이들이 각각 "〈교수〉, 〈장관〉, 〈대통령〉, 〈강좌〉, 〈회사〉, 〈은행〉, 〈조(組)〉, 〈순간〉"을 수식할 때, "〈모 교수〉, 〈현 장관〉, 〈전 대통령〉, 〈본 강좌〉, 〈귀 회사〉, 〈타 은행〉, 〈각 조〉, 〈고 홍길동〉, 〈매 순간〉"과 같이 능숙하게 띄어 쓸 수 있는 사람은 또 얼마나 있을까?

실제로 국어사전을 찾아보니

접미사와 관련한 띄어쓰기는 큰 어려움이 없는 데 반해, 접두사는 관형사와의 구별이 어려워 띄어 써야 할지 붙여 써야 할지 난감하다. 그러나 접두사는 접미사보다는 상대적으로 그 수가 적고 쓰임도 그다지 많지 않다. 특히 관형사와 구별하기 힘든 한자어 접두사는 그 수가 더욱 적고 사용 빈도도 매우 낮아, 눈에 익히기 어렵지 않다. 얼마나 다행인가!

모든 공부가 그렇듯, 띄어쓰기 공부도 은근과 끈기가 지름길이다. 허겁지겁 국어사전을 뒤져 대고, 어려운 문법서들을 밤 새워 읽을 필요는 없다. 어려운 길 같아 보여 기운이 빠질 때면, 의외로 쉬운 길이 열리는 것이 바로 띄어쓰기 공부이다. 궁하면 통하는 법이니, 일희일비(一喜一悲)하지 말고 새옹(塞翁)처럼 느긋한 마음을 가질 필요가 있다.

새옹지마(塞翁之馬)라는 사자성어의 구체적인 출전이라 할 수 있는 원나라 때 승려 희회기(熙晦機)의 시 한 대목을 느긋하게 읊어 보자. 이 대목에 나오는 단어들을 국어사전에서 찾아보면서 띄어쓰기가 어떻게 되어 있나 느긋하게 궁리해 보자. **"인간의 모든 일 새옹의 말 같으니, 마루에 목침 당겨 베고 누워 빗소리 들으며 잠드노라."**

ⓐ <모든>은 관형사이다. 따라서 의존명사인 <것>과는 띄어 썼다.
ⓑ <같으니>는 형용사이다. 따라서 <말>과 띄어 썼다.
ⓒ <당겨 베고 누워>는 <당겨>, <베고>, <누워>, 이렇게 세 개의 동사가 연속적으로 나온다. 모두 띄어 썼다.

ⓓ <빗소리>는 어근 <비>와 또 다른 어근 <소리>가 합쳐진 합성어이다. 사이시옷이 두 어근 사이에 들어간 것이 특이한 점이다. 어떤 경우에 사이시옷이 들어가게 되는지는 17장에서 공부할 것이다.

〈15장 연습문제〉

앞에서 헬렌 켈러의 《사흘만 볼 수 있다면》에서 인용한 글을 읽었다. 그 글을 전부 붙여 놓았으니 띄어 써야 할 마디에 체크해 보자. 정답은 앞서 읽었던 인용문에서 확인하면 된다. 한편 [부록1](238쪽)에 이 문제에 대해 풀이를 해 놓았다. 이 책을 거의 다 읽어 가는 시점이니 풀이 내용의 대부분을 이해할 수 있을 것이다.

여러분이실제로그런운명에처해진다면여러분의눈은이전엔결코본적이없는것들을보게될것이며, 다가올기나긴밤을위해그기억들을저장할것입니다. 그리고자신의눈을이전과는전혀다르게사용할것이며, 눈에보이는모든것들이소중하게느껴질겁니다.

16장

접미 파생어와 관련한 띄어쓰기

접미사란?

접미사는 어근 뒤에 붙어서 어근이 애초 갖고 있던 뜻에 새로운 뜻을 더해 주는 말이다. 또한 어근 A에 접미사가 붙어 A'가 되었을 때, A와 A'의 품사가 달라지는 경우가 매우 많다. 이는 접두사가 어근에 붙어 새로운 단어를 만들 때는 불가능한 일이었다.

접미사는 그 종류가 너무도 많고, 단어에 나타나는 빈도도 매우 높다. 따지고 보면 종류가 많은 것보다는 빈번하게 사용된다는 점이 더 중요하다. 그래서 접미사는 비록 단어를 이루는 구성요소에 불과하지만, 그 중요성만큼은 단어 못지않다. 접미사의 종류를 공부한 후, 우리가 흔히 읽는 책에 실린 문장 속 단어들을 보면, 접미사가 얼마나 활발하게 사용되고 있는지 실감하게 될 것이다.

그리고 꼭 지적할 점이 있다. 접미사가 붙는 어근은 완전한 단어일 수도 있고, 단어라고 할 수 없는 말일 수도 있다. 예를 들어 형용사 형성 접미사 <-하->의 경우 <진실하다>처럼 어근이 '진실'이라는 완전한 단어(명사)일 수도 있다. 하지만 <깨끗하다>처럼 어근이 '깨끗'이라는, 특별한 품사의 단어라고 할 수 없는 말일 수도 있다.

접미사의 종류

접미사의 분류와 예들은 이익섭·채완 교수의 《국어문법론강의》를 주로 참조했다.

(1) 명사 형성 접미사(접미사가 붙어 명사가 형성된 경우)

ⓐ "〈덮개〉, 〈지우개〉, 〈오줌싸개〉"의 〈-개〉
ⓑ "〈달리기〉, 〈던지기〉, 〈더하기〉"의 〈-기〉
ⓒ "〈넓이〉, 〈깊이〉, 〈길이〉"의 〈-이〉
ⓓ "〈잠보〉, 〈꾀보〉, 〈겁보〉"의 〈-보〉
ⓔ "〈가위질〉, 〈부채질〉, 〈싸움질〉"의 〈-질〉
ⓕ "〈이들〉, 〈그들〉, 〈저들〉, 〈학생들〉, 〈자동차들〉"의 〈-들〉
ⓖ "〈폐쇄적〉, 〈국제적〉, 〈문법적〉"의 〈-적〉
....

　ⓐ, ⓑ, ⓒ 모두 용언의 어간에 명사 형성 접미사가 붙어 명사를 만들었다. 그리고 ⓓ, ⓔ에서는 접미사가 명사에 붙어 특정한 의미가 덧붙은 새로운 명사를 만든 경우이다.
　ⓕ의 〈-들〉은 앞의 명사에 붙어 복수의 뜻을 갖는 새로운 명사를 형성하는데, 문제는 〈-들〉이 붙은 모든 명사들이 국어사전에 등재되지는 않는다는 점이다. 〈이들〉, 〈그들〉, 〈저들〉은 인칭 대명사로 굳어져 국어사전에 등재되지만, 〈학생들〉, 〈자동차들〉은 그렇지 못하다. 이런 데는 이유가 있다. 사실 수를 셀 수 있는 명사라면 모두 접미사 〈-들〉을 취할 수 있다. 그때마다 모두 국어사전에 등재해 준다면, 국어사전이 훨씬 더 뚱뚱해질 것 아닌가? 따라서 〈학생들〉과 〈자동차

들〉은 분명 한 단어이지만 국어사전에 등재되지는 않는다.

ⓖ의 접미사 〈-적(的)〉은 명사도 형성하지만 관형사와 부사를 형성하기도 한다. 예를 들어 〈문법적〉이 "조사는 앞의 체언에 붙여 쓰는 것이 〈문법적〉이다."와 같이 서술격조사 〈이다〉를 취할 경우에는 명사이다. 하지만 "철수는 우리 팀의 〈정신적〉 지주였다."에서 〈정신적〉은 '지주'를 수식하므로 관형사이다. 그리고 "새 대통령은 야당과의 충돌은 〈가급적〉 피하고 싶었다."와 같이 〈가급적〉이 동사 '피하고'를 수식할 경우는 부사이다.

(2) 동사 형성 접미사(접미사가 붙어 동사가 형성된 경우)

ⓐ "〈존재하다〉, 〈현대화하다〉, 〈잘하다〉, 〈두근두근하다〉, 〈기뻐하다〉"의 〈-하-〉
ⓑ "〈건들거리다〉, 〈머뭇거리다〉, 〈끄덕거리다〉"의 〈-거리-〉
ⓒ "〈속삭이다〉, 〈끄덕이다〉, 〈깜박이다〉"의 〈-이-〉
ⓓ "〈깨뜨리다〉, 〈떨어뜨리다〉, 〈흩뜨리다〉"의 〈-뜨리-〉
ⓔ "〈사용되다〉, 〈허용되다〉, 〈이해되다〉의 〈-되-〉
ⓕ "〈고통받다〉, 〈버림받다〉, 〈사랑받다〉의 〈-받-〉
....

ⓐ의 〈-하-〉는 〈존재〉나 〈현대화〉 같은 명사 어근에도 붙고, 〈잘〉 같은 부사 어근에도 붙고, 〈두근두근〉 같은 의성의태어 어근에도 붙고, 〈기뻐〉 같은 형용사 활용형 어근에도 붙는다.

ⓔ의 <-되->는 '서술성을 가진 일부 명사 뒤에 붙는 접미사'이다. 문제는 '서술성을 가진 일부명사'라는 조건이 애매하다. 보편적인 국어 사용자들이 <-되->가 붙은 말을 하나의 동사, 즉 하나의 단어로 인식하는 일은 매우 주관적이기 때문이다. 국어사전을 벗 삼는 수밖에 없다. 국어사전은 그러라고 있는 것이다.

ⓕ의 <-받->은 '일부 명사'에 붙어 '그로 인한 결과를 입다' 또는 '그러한 일을 당하다'의 뜻을 갖게 하는 접미사이다. 그런데 그 '일부 명사'를 어떻게 알 수 있는지 애매하다. 접미사 <-되-> 때와 똑같이 국어사전을 벗 삼는 것 이외에 이 문제를 해결할 방법은 없다. 애매한 만큼 <-되->나 <-받->을 접미사로 보아 선행 명사에 붙여 쓰든 동사로 보아 선행 명사와 띄어 쓰든, 글을 쓰는 이의 책임의 무게도 줄어든다. 쉽게 말해, 틀린다 해도 틀릴 만해서 틀리는 것이다.

(3) 형용사 형성 접미사(접미사가 붙어 형용사가 형성된 경우)

ⓐ "<고요하다>, <가득하다>, <미끈미끈하다>, <딱하다>"의 <-하->
ⓑ "<세련되다>, <참되다>, <헛되다>"의 <-되->
ⓒ "<향기롭다>, <이롭다>, <괴롭다>"의 <-롭->
ⓓ "<창피스럽다>, <사랑스럽다>, <걱정스럽다>"의 <-스럽->
ⓔ "<궁상맞다>, <능글맞다>, <익살맞다>"의 <-맞->
ⓕ "<꽃답다>, <사내답다>, <어른답다>의 <-답->
....

ⓐ의 형용사 형성 접미사 <-하->는 동사 형성 접미사 <-하-> 와 같이 명사, 부사, 의성의태어인 어근에 붙는다. 하지만 <딱하다>의 '딱'과 같이 어근이 특별한 품사의 단어 혹은 특별한 품사의 단어의 일부라고 하기 어려운 말일 수도 있다.

ⓑ의 <-되->는 몇몇 명사, 부사 등의 뒤에 붙어 형용사를 만드는 접미사이다. '그 몇몇 명사, 부사 등'이 애매하다.

ⓕ의 <-답->은 '일부 명사' 뒤에 붙어 '그것이 지니는 성질이나 특성이 있다'의 뜻을 더하여 형용사를 만드는 접미사이다. 그 '일부 명사'가 어떤 명사인지 애매하다. 띄어쓰기는 애매한 기준 때문에 국어사전에 도움을 청해야 하는 경우가 제법 많은 것을 알 수 있다. 그럴 경우에 앞에서도 지적했지만, 띄어쓰기를 틀렸을 때의 책임감은 대폭 줄어들 수밖에 없다. 사람은 누구나 틀린 만한 것은 틀린다.

(4) 피동사 형성 접미사(접미사가 붙어 피동사가 형성된 경우)

참고로 '피동'에 대해 간략하게나마 정리해 두자. "철수가 영희를 안았다."가 능동이라면, "영희가 철수에게 안겼다."는 피동이다. 능동문에서 목적어였던 <영희를>이 피동문에서는 <영희가>와 같이 주어가 되었고, 능동문에서 주어였던 <철수가>는 피동문에서는 <철수에게>와 같이 부사어로 바뀌었으며, 능동문에서 서술어였던 타동사 <안았다>는 피동문에서는 <안겼다>와 같이 피동사가 되었다.

<안았다>는 기본형이 <안다>이고, <안겼다>는 기본형이 <안기다>이다. <안다>와 <안기다>를 통해서 '피동사'에 대해 설명해 보

면 이렇다. <안다>의 어간 <안->이 <안기다>의 <안기->로 변했다. 즉 <-기 >가 붙은 것이다. 이렇게 능동의 의미를 갖던 타동사를 피동사로 만드는 기능을 하는 것이 바로 피동사 형성 접미사 <-기->이다. 그럼 <-기->를 포함해서 다른 피동사 형성 접미사에는 어떤 것들이 있는지 보자. 피동사 형성 접미사는 아래에 든 네 가지밖에 없다.

ⓐ "<감기다>, <뜯기다>, <쫓기다>"의 <-기->
ⓑ "<밀리다>, <털리다>, <팔리다>"의 <-리->
ⓒ "<덮이다>, <섞이다>, <쌓이다>"의 <-이->
ⓓ "<먹히다>, <잡히다>, <숨막히다>"의 <-히->

(5) 사동사 형성 접미사(접미사가 붙어 사동사가 형성된 경우)

참고로 '사동'에 대해서 간략하게나마 정리해 두자. 주동문 "영희가 웃는다."가 사동문이 되면 "철수가 영희를 웃긴다."와 같이 되는 것을 예로 설명해 보면 이렇다. 주동문에서는 주어였던 <영희가>는 사동문에서는 <영희를>과 같이 목적어가 되었고, 사동문의 주어인 <철수가>는 새로 등장했으며, 주동문에서 서술어였던 자동사 <웃는다>는 사동문에서는 사동사인 <웃긴다>가 되는데, 이 <웃긴다>는 <영희를>이라는 목적어를 가지므로 자동사가 아니라 타동사이다.

<웃는다>의 기본형 <웃다>와 <웃긴다>의 기본형 <웃기다>를 가지고 '사동사'에 대해 설명해 보면 이렇다. 주동문에서 자동사였던 <웃다>의 어간 <웃->이 <웃기->로 변했다. 이렇게 주동의 의미를

갖던 자동사를 사동사로 만드는 기능을 한 것이 바로 사동사 형성 접미사 <-기->인 것이다. 그럼 <-기->를 포함해서 다른 사동사 형성 접미사는 어떤 것들이 있는지 보자.

ⓐ "<숨기다>, <안기다>, <굶기다>"의 <-기->
ⓑ "<늘리다>, <올리다>, <돌리다>"의 <-리->
ⓒ "<높이다>, <속이다>, <죽이다>"의 <-이->
ⓓ "<굳히다>, <굽히다>, <넓히다>"의 <-히->
ⓔ "<비우다>, <피우다>, <지우다>"의 <-우->
ⓕ "<달구다>, <돋구다>, <일구다>"의 <-구->
ⓖ "<낮추다>, <늦추다>, <맞추다>"의 <-추->
....

(6) 부사 형성 접미사(접미사가 붙어서 부사가 형성된 경우)

ⓐ "<높이>, <섣불리>, <깨끗이>, <집집이>, <일찍이>"의 <-이>
ⓑ "<철저히>, <고요히>, <조용히>"의 <-히>
ⓒ "<도로>, <너무>, <자주>"의 <-오/-우>
....

접미사 <-하->가 붙는 어근의 종류

　국어의 접미사 중 '-하-'만큼 많이 쓰이는 것도 없다. 특히 '-하-'는 붙을 수 있는 어근의 종류가 매우 다양하다. 따라서 그 종류들을 보다 세밀하게 살펴볼 필요가 있다.
　우선 어근의 품사가 분명한 경우는 다음과 같다. 첫째, 어근이 명사인 경우가 있다. "<사랑하다>, <공부하다>, <진지하다>, <우아하다>" 등이 그러한 예이다. 둘째, 어근이 의존 명사인 경우도 있다. "<뻔하다>, <체하다>, <양하다>, <척하다>, <법하다>, <듯하다>" 등이 그러한 예이다. 이들 파생어들은 마치 보조 용언처럼 기능함을 14장에서 살펴본 바 있다. 셋째, 1음절의 한자어인 경우가 있다. "<권(勸)하다>, <흥(興)하다>, <변(變)하다>" 등이 그러한 예이다. 넷째, 부사를 어근으로 취하는 경우도 있다. "<거듭하다>, <잘하다>, <빨리하다>" 등이 그러한 예이다.
　그러나 위의 경우들과 달리 어근의 정체가 불분명한 경우도 많다. "<꾀하다>, <이룩하다>, <비롯하다>, <깔끔하다>, <딱하다>, <착하다>, <참하다>, <흔하다>, <뿌듯하다>, <용하다>" 등이 그러한 예이다.
　한편 어근이 용언의 활용형인 경우도 있다. 이때는 '-하-'가 마치 보조 용언 <하다>의 어간처럼 보이지만 실은 접미사이니, 어근인 용언의 활용형과 반드시 붙여 써야 한다. "<외로워하다>, <귀여워하다>, <아까워하다>, <반가워하다>, <슬퍼하다>, <아파하다>, <좋아하

다〉" 등이 그러한 예이다. 만약 〈하다〉가 보조 용언이라면 〈외로워 하다〉, 〈귀여워 하다〉, 〈아까워 하다〉, 〈반가워 하다〉, 〈슬퍼 하다〉, 〈아파 하다〉, 〈좋아 하다〉와 같이 활용형과 〈하다〉를 띄어 쓰는 것이 원칙이다(모두 붙여 쓰는 것도 무방하지만). 그런데 이들은 하나의 동사로서 국어사전에 등재돼 있는 파생어이므로, 반드시 붙여 써야 한다.

접미사가 얼마나 자주 쓰이길래?

앞에서 "우리가 흔히 읽는 책에 실린 문장 속 단어들을 보면, 접미사가 얼마나 활발하게 사용되고 있는지 실감하게 될 것이다." 하고 접미사의 중요성을 강조했었다. 정말 그럴까? 널리 알려진 책 《무량수전 배흘림기둥에 기대서서》에서 최순우 선생이 우리나라 담장의 아름다움을 표현한 명문 한 대목을 읽으면서 얼마나 많은 접미사가 쓰였는지 찾아내 보자.

담장이 존재하는 것 자체가 폐쇄적이라고 섣불리 비판하는 사람들이 있지만 담장이 이루어주는 희한한 안도감과 아늑한 분위기는 또 달리 맛볼 수 없는 한국 정서의 하나임이 분명하다. 그다지 높을 것도 없고 그다지 얕지도 않은 한국 궁전이나 민가의 담장들에 들어 있는 마음이 숨막히게 높거나 답답한 공간을 에워싼 중국의 담장들과는 근본적으로 다르다는 것은 마치 그 속에

살고 있는 한국 사람들의 성정과 중국 사람들의 성정이 다른 것 이상으로 거리가 있다고 생각한다. - 최순우, 《무량수전 배흘림기둥에 기대서서》.

ⓐ <존재하는>에는 동사 형성 접미사 <-하->가 들어 있다.
ⓑ <폐쇄적이라고>에는 명사 형성 접미사 <적>이 들어 있다. <폐쇄적>은 서술격 조사 <이다>의 활용형인 <이라고>를 취했으니 명사가 당연하다.
ⓒ <비판하는>에는 동사 형성 접미사 <-하->가 들어 있다.
ⓓ <사람들>에는 명사 형성 접미사 <-들>이 들어 있다.
ⓔ <희한한>에는 형용사 형성 접미사 <-하->가 들어 있다.
ⓕ <아늑한>에는 형용사 형성 접미사 <-하->가 들어 있다.
ⓖ <달리>에는 부사 형성 접미사 <-이>가 들어 있다. <다르다>는 '르' 불규칙 형용사다. 따라서 모음으로 시작하는 접미사 <-이>를 만나(마치 어미를 만나듯) 어간인 <다르->의 <ㅡ>가 탈락하고 <ㄹ>이 생겨난 <달ㄹ>로 변한 것이다. 결국 부사 <달리>는 <달ㄹ>과 접미사 <-이>가 합쳐진 것이다.
ⓗ <분명하다>에는 형용사 형성 접미사 <-하->가 들어 있다.
ⓘ <담장들>에는 명사 형성 접미사 <-들>이 들어 있다.
ⓙ <숨막히게>에는 피동사 형성 접미사 <-히->가 들어 있다. <숨막히게>라는 부사의 형성 과정은 좀 복잡하다. 차근차근 살펴보자. 원래 <숨막다>는 <숨을 막다>에서 목적격 조사 '을'이 생략된 말이다. 즉 두 단어이므로 <숨막다>와 같이 붙여 써서는 안 되고 <숨 막다>와 같이 띄어 써야 한다. 그런데 <막다>의 피동사가 <막히

다>이므로 <숨 막다>라는 말의 피동 형태는 <숨 막히다>이다. 그리고 <막히다>의 부사형은 <막히게>이므로 <숨 막히게>까지 우리는 생각할 수 있다. 그런데 왜 <숨>과 <막히게>를 붙여 쓴 <숨 막히게>인가? 그 쓰임이 잦다 보니, 하나의 부사가 된 것으로 봐야 할 것이다.

ⓚ <답답한>에는 형용사 형성 접미사 <-하->가 들어 있다.
ⓛ <근본적>에는 명사 형성 접미사 <-적>이 들어 있다. <근본적>은 조사 <으로>를 취하고 있다. 즉 명사이다.
ⓜ <생각한다>에는 동사 형성 접미사 <-하->가 들어 있다.

접미사와 관련한 띄어쓰기

띄어쓰기의 대원칙을 상기해 보자. "단어와 단어는 띄어 쓴다. 다만 조사는 앞의 체언에 붙여 쓴다." 접미사는 어근에 붙어 새로운 단어를 만드는 하나의 구성 요소일 뿐 단어는 아니다. 따라서 접미사는 앞의 어근과 띄어 써서는 안 된다. 그런데, 접미사의 경우 많이 쓰이는 수십 가지 정도의 종류만 알고 있다면 띄어쓰기를 틀리지 않을 수 있다. 국어 사용자들이 자주 틀리는 몇 가지 접미사가 있어 다음과 같이 정리해 둔다.

ⓐ <-꾸러기> : 욕심꾸러기(O) 욕심 꾸러기(×)
ⓑ <-쟁이> : 거짓말쟁이(O) 거짓말 쟁이(×)

ⓒ <-아치> : 벼슬아치(O) 벼슬 아치(×)
ⓓ <-매> : 눈매(O) 눈 매(×)
ⓔ <-맞-> : 궁상맞다(O) 궁상 맞다(×)
ⓕ <-뜨리-> : 떨어뜨리다(O) 떨어 뜨리다(×)
ⓖ <-거리-> : 중얼거리다(O) 중얼 거리다(×)
ⓗ <-답-> : 사내답다(O) 사내 답다(×)
ⓘ <-받-> : 고통받다(O) 고통 받다(×)
ⓙ <-되-> : 세련되다(O) 세련 되다(×)
ⓚ <-하-> : 공부하다(O) 공부 하다(×)
ⓛ <-하-> : 척하다(O) 척 하다(×)
ⓜ <-하-> : 거듭하다(O) 거듭 하다(×)
ⓝ <-하-> : 외로워하다(O) 외로워 하다(×)

실제로 국어사전을 찾아보니

토익이나 토플 시험을 대비하는 영어 수험서에서 중고등학생들이 보는 영어 참고서에 이르기까지 어원을 중심으로 재미있고 유익하게 만들어진 영어 어휘 책들이 산더미 같다. 판매부수도 수천만에 이른다. 하기야 우리나라 영어교육 시장 규모가 1조원에 육박하는데, 그쯤은 될 것이다.

국어 단어의 짜임새를 설명하면서 어근이니, 접두사·접미사니 하는 용어들을 이야기하고 있지만, 대부분의 국어 사용자들은 이미 영어 어휘 참고서나 수험서를 통해 이 용어들을 잘 알고 있다. 다만 국어의 접두사와 접미사에 어떤 것들이 있는지를 모를 뿐이다. 국어에도 접두사와 접미사가 있고, 이들은 일상 대화는 물론 훌륭한 문학 작품에 나오는 단어들 곳곳에 숨어 있다. 앞서 최순우 선생의 명문 한 대목에만도 얼마나 많은 접미사가 몸을 숨기고 있었던가?

접미사와 관련한 띄어쓰기는 매우 중요하다. 만약 접미사의 종류들을 익히고 그 접미사가 하나의 단어가 아니기 때문에 붙여 써야 된다는 원칙을 지키지 않는다면, 그 무질서한 글은 절대로 편히 읽히지 않을 것이다.

하지만 최순우 선생이 그런 글을 썼을 리도 없고, 선생의 글을 책으로 내는 편집인이 그런 글을 고치지 않았을 리도 없다. 그래서 설령 우리가 국어의 접미사에 어떤 것들이 있는지 전혀 모른다 해도 최순우 선생의 명문 한 대목을 읽을 때, 아무런 혼란 없이 시원한 글맛을 즐길 수 있다.

좀 뜬금없는 질문 같지만 최북이라는 화가를 아는가? 미술 평론가 손철주 씨는 《그림 아는 만큼 보인다》에서 빈센트 반 고흐와 비견되는 우리의 화가 최북을 소개하고 있다. 미술을 전공하는 대학생마저 잘 모르는 최북은 숙종 대에 태어나 정조 대까지 살다간 호탕한 화가였다. 최북은 기인이었다. 그는 세도가들이 자신의 붓솜씨를 트집 잡자 "네까짓 놈의 욕을 들을 바에야" 하며 제 손으로 한쪽 눈을 찔러버렸다. 고흐가 귀를 자른 것보다 더 잔인한 짓이 아닐 수 없다.

미치광이 화가의 종말이 평화로울 리는 없다. 최북은 겨울밤 홑적삼 입고 눈구덩이에서 얼어죽었다. 오직 그림 하나에만 생을 걸었던 고흐와 최북. 자해와 비참한 죽음. 두 화가는 똑같이 미치광이로 살고 죽었지만, 죽은 뒤의 명성은 하늘과 땅 차이가 난다. 고흐의 세계적 명성이야 굳이 말할 필요도 없다. 하지만 최북은 죽어서조차 대접받지 못하는 비운의 화가이다. 답이야 너무도 뻔하지만 그래도 한번 묻는다. 우리나라 미술 교과서에 최북이라는 화가의 이름 두 자가 적혀 있기는 한 것인가?

　기인이기는 했지만 최북은 뼛속까지 조선의 화가였고, 그의 그림은 당당한 조선의 그림이었다. 《그림 아는 만큼 보인다》에서 손철주 씨는 최북의 고집과 자부심을 엿볼 수 있는 문장 하나를 적어 놓았다. 그 문장을 이루는 단어들을 국어사전에서 찾아보면서 띄어쓰기가 어떻게 되어 있는지도 설명해 보자. **"농 삼아 부른 별호가 '최메추리'일 만큼 그는 중국산 꿩보다 토종 메추리 그리기를 좋아했다."** 자라나는 학생들이 접두사나 접미사를 영어 참고서에서 영어로부터가 아니라 국어 참고서에서 국어로부터 배울 수 있기를…….

ⓐ <삼아>는 타동사다. 접미사가 아닌 것이다. 따라서 <농 삼다>는 띄어 썼다.

ⓑ <'최메추리'일>은 <'최메추리'>에 서술격 조사 <이다>가 붙은 <'최메추리'이다>의 관형사형이다. 즉 서술격 조사 <이다>의 어미 <-다> 대신 관형사형 어미 <-ㄹ>이 결합되어 최종적으로 <'최메추리'일>이 된 것이다. 최북의 별호 '최메추리'는 바로 그의 고집과 자부심인 것 같다.

ⓒ <만큼>은 의존 명사이므로 <'최메추리'일>과 띄어 썼다.

ⓓ <좋아했다>는 파생 동사이다. 기본형 <좋아하다>로 짜임새를 따져 보자. <좋다>의 활용형 <좋아>와 파생 접미사 <-하->, 이 둘이 합쳐져 <좋아하다>라는 새로운 동사가 만들어진 것이다.

〈16장 연습문제〉

앞에서 최순우 선생의 《무량수전 배흘림기둥에 기대서서》에서 인용한 글을 읽었다. 그 글을 전부 붙여 놓았으니, 띄어 써야 할 마디에 체크를 해 보자. 정답은 앞서 읽었던 인용문에서 확인하면 된다. 한편 [부록1](239쪽)에 이 문제에 대해 풀이를 해 놓았다. 이 책을 거의 다 읽어 가는 시점이니 풀이 내용의 대부분을 이해할 수 있을 것이다.

담장이존재하는것자체가폐쇄적이라고섣불리비판하는사람들이있지만담장이이루어주는희한한안도감과아늑한분위기는또달리맛볼수없는한국정서의하나임이분명하다. 그다지높을것도없고그다지얕지도않은한국궁전이나민가의담장들에들어있는마음이숨막히게높거나답답한공간을에워싼중국의담장들과는근본적으로다르다는것은마치그속에살고있는한국사람들의성정과중국사람들의성정이다른것이상으로거리가있다고생각한다.

17장

합성어와 관련한 띄어쓰기

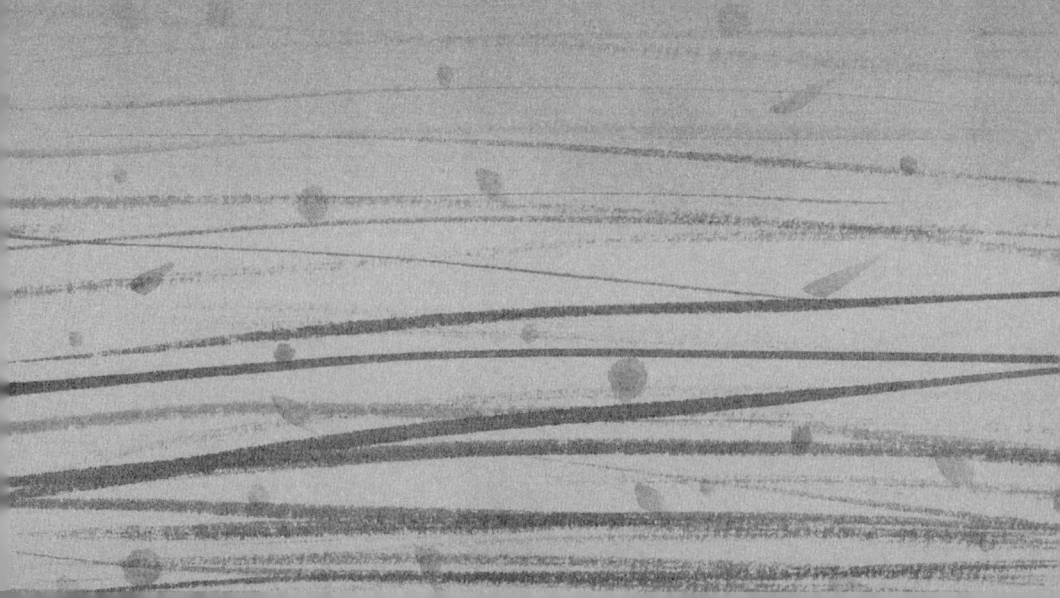

합성어의 종류

합성어는 접두사나 접미사 없이, 두 개 이상의 어근이 모여 새로운 뜻을 가진 한 단어가 된 말을 뜻한다. 합성어를 이루는 어근은 완벽한 하나의 단어일 수도 있지만 그렇지 않은 경우도 흔히 있다. 합성어에는 합성 명사, 합성 동사, 합성 부사가 있는데, 합성 명사부터 차근차근 살펴보도록 하자. 합성어의 분류와 예들은 이익섭·채완 교수의 《국어문법론강의》를 주로 참조했다.

(1) 합성 명사

ⓐ <명사+명사>의 구조 : <손목>, <고무신>, <이슬비> 등.
ⓑ <명사+사이시옷+명사>의 구조 : <빗소리>, <잇몸>, <깻잎>, <찻잔>, <툇마루>, <예삿일>, <숫자(數字)> 등.
ⓒ <관형사+명사>의 구조 : <새언니>, <첫사랑>, <헛소리> 등.
ⓓ <용언의 관형사형+명사>의 구조 : <굳은살>, <작은아버지>, <뜬소문> 등.
ⓔ <명사+용언의 명사형>의 구조 : <줄넘기>, <술래잡기>, <몸가짐> 등.
ⓕ <부사의 일부+명사>의 구조 : <곱슬머리>, <보슬비>, <물렁뼈> 등.
 ……………

ⓑ의 경우 명사와 명사가 합쳐질 때 사이시옷이 들어갔다. 사이시옷이 들어가는 조건에는 일곱 가지가 있다.

Ⅰ. 순 우리말로 된 합성어로서 앞말이 모음으로 끝난 경우

　①. 뒷말의 첫소리가 된소리로 나는 것 : <나룻배>, <나뭇가지> 등.
　②. 뒷말의 첫소리 'ㄴ, ㅁ' 앞에서 'ㄴ' 소리가 덧나는 것 : <잇몸>, <냇물> 등.
　③. 뒷말의 첫소리 모음 앞에서 'ㄴㄴ' 소리가 덧나는 것 : <나뭇잎>, <베갯잇> 등.

Ⅱ. 순 우리말과 한자어로 된 합성어로서 앞말이 모음으로 끝난 경우

　①. 뒷말의 첫소리가 된소리로 나는 것 : <귓병>, <찻잔> 등.
　②. 뒷말의 첫소리 'ㄴ, ㅁ' 앞에서 'ㄴ' 소리가 덧나는 것 : <제삿날>, <훗날> 등.
　③. 뒷말의 첫소리 모음 앞에서 'ㄴㄴ' 소리가 덧나는 것 : <가욋일>, <예삿일> 등.

Ⅲ. 두 음절로 된 다음 한자어 : <곳간(庫間)>, <셋방(貰房)>, <숫자(數字)>, <찻간(車間)>, <툇간(退間)>, <횟수(回數)>, 이상 여섯 가지.

(2) 합성 용언

ⓐ <명사+용언 어간>의 구조 : <겉늙다>, <낯설다>, <귀먹다> 등.
ⓑ <용언 어간+용언 어간>의 구조 : <감싸다>, <굶주리다>, <얕보다> 등.
ⓒ <용언 어간+'-아/-어'+용언 어간>의 구조 : <뛰어나다>, <알아보다>, <잡아먹다> 등.
ⓓ <용언 어간+'-고'+용언 어간>의 구조 : <파고들다>, <싸고돌다>, <타고나다> 등.
ⓔ <부사+용언 어간>의 구조 : <못생기다>, <잘나다>, <바로잡다> 등.
ⓕ <용언 어간+'-디'+용언 어간>의 구조 : <검디검다>, <크디크다>, <쓰디쓰다> 등.
……………

 조어론은 용언의 경우 어간의 구조만을 따진다. 즉 ⓐ에서 <겉늙다>의 경우 <겉늙->의 구조만을 따지는 것이다. 그렇기 때문에 <명사+용언 어간>의 구조를 가진다고 한 것이다. ⓑ에서 ⓕ까지의 합성 용언의 구조를 표시할 때 구성 요소를 <용언>이라 하지 않고 <용언 어간>이라 한 것도 같은 이유에서이다.

(3) 합성 부사

ⓐ <명사+명사>의 구조 : <밤낮>, <오늘날>, <여기저기> 등.
ⓑ <관형사+(의존)명사>의 구조 : <어느새>, <요즈음>, <온종일> 등.
ⓒ <부사+부사>의 구조 : <곧잘>, <잘못>, <좀더> 등.
ⓓ <부사+부사>의 반복 구조 : <길이길이>, <오래오래>, <너무너무> 등.
ⓔ <명사+명사>의 구조 : <하나하나>, <사이사이>, <갈피갈피> 등.
……………

합성어는 또 얼마나 많이 쓰이는가?

합성법은 접미 파생법와 함께 국어가 새로운 단어를 만드는 가장 생산적인 방법이다. 따라서 합성어는 우리가 흔히 읽는 글에서 자주 만나게 된다. 헤밍웨이의 《노인과 바다》 한 대목을 읽어 보자. 합성어인지 몰랐을 때 아무렇지도 않게 읽었던 단어를 이번에는 의식적으로 찾아 읽어 보자. 천신만고 끝에 잡은 청새치를 상어들에게 다 뜯긴 노인 산티아고가 항구로 돌아오는 장면이다.

그는 자신이 이제 회복 불능일 정도로 두드려 맞았다는 것을 알았다. 그는 고물로 돌아갔다. 깨진 키 손잡이가 키의 구멍에 그런 대로 들어맞아 배를 조종할 수가 있었다. 그는 포대를 양어깨에 두르고 항로를 바로잡았다. 배는 이제 가볍게 나아갔고 그는 아무런 생각도 느낌도 없었다. 그는 이제 모든 것을 다 치렀고 항로를 바로잡아 가능한 한 빠르고 현명하게 고향 마을의 항구로 돌아가려 애썼다. - 헤밍웨이,《노인과 바다》.

ⓐ 〈돌아갔다〉 : 〈용언 어간+'-아/-어'+용언 어간〉의 구조를 가진다.
ⓑ 〈손잡이〉 : 〈명사+용언 어간+접미사〉의 구조를 가진다.
ⓒ 〈들어맞아〉 : 〈용언 어간+'-아/-어'+용언 어간〉의 구조를 가진다.
ⓓ 〈양어깨〉 : 〈관형사+명사〉의 구조를 가진다.
ⓔ 〈바로잡았다〉 : 〈부사+용언 어간〉의 구조를 가진다.
ⓕ 〈나아갔고〉 : 〈용언 어간+'-아/-어'+용언 어간〉의 구조를 가진다.

ⓑ의 경우 합성과 파생이 동시에 이루어진 단어이다. 즉 우선 어근과 어근이 결합해 하나의 새로운 단어가 만들어진 다음(합성), 그 단어에 접사가 붙어 또 하나의 새로운 단어가 만들어지는(파생) 경우에 해당한다. 예를 좀더 들어 보자.
'동물 체내에서 혈액이 일정한 방향으로 흐르는 일'의 뜻을 가진 〈피돌기〉는 우선 〈피〉와 〈돌다〉가 〈피돌다〉와 같이 합성된 다음

(물론 <피돌다>라는 합성 동사는 없다. 설명의 편의상 합성 동사일 뿐이다.), <피돌다>의 어간에 명사 형성 접미사인 <-기>가 붙어 최종적으로 <피돌기>가 된 것이다.

<감옥살이>도 마찬가지다. 우선 <감옥>과 <살다>가 <감옥살다>와 같이 합성된 다음(물론 <감옥살다>라는 합성 동사는 없다. 설명의 편의상 합성 동사일 뿐이다.), <감옥살다>의 어간에 명사 형성 접미사인 <-이>가 붙어 최종적으로 <감옥살이>가 된 것이다.

<해돋이>, <글짓기>, <오줌싸개>, <가을걷이>, <이어달리기>, <넓이뛰기>, <엎어치기>, <돌려차기>, <끝맺음> 등도 모두 위와 같이 합성과 파생이 모두 이루어져 형성된 복합어이다.

합성어와 관련한 띄어쓰기

합성어란 어근과 어근이 합쳐져 만들어진 단어이다. 접두사와 관련한 띄어쓰기는 까다로웠지만 접두사의 수가 적어 좋았다. 접미사와 관련한 띄어쓰기에서는 엄청나게 많은 종류의 접미사 때문에 골치가 아팠지만 띄어쓰기가 혼란스럽지 않아 좋았다. 그럼 합성어와 관련한 띄어쓰기는 어떤 점에서는 어렵지만 다른 어떤 점에서는 좋은가? 유감스럽게도 모든 점에서 어렵기만 한 것이 바로 합성어의 띄어쓰기다. 합성 부사가 그나마 좀 쉬울 뿐, 합성 명사와 합성 용언의 경우는 띄어쓰기를 제대로 하는 일이 만만치 않다.

물론 합성어는 두 어근의 단순한 물리적 결합이 아니기 때문에 제법 추상화된 뜻을 갖는다는 점에서 '연속된 두 단어'와 차이가 있다면 있다. 예를 들어 합성 명사의 경우, <작은아버지>나 <새언니>는 가족 관계를 말할 뿐, '작다'나 '새롭다'의 의미는 사라진다. <몸가짐>도 '예절과 관련한 태도'의 의미를 가짐으로써 '신체'의 의미는 사라진다.

또한 합성 용언의 경우, <돌아가다>는 "그는 머리가 잘 <돌아가는> 사람이다."의 경우처럼 '물리적 회전'과는 거리가 멀어질 수 있다. <알아보다>도 "그는 그 책의 가치를 <알아본> 유일한 사람이었다."의 경우처럼 '시각적 의미'가 사라질 수 있다. <잡아먹다> 또한 "그 친구는 나만 보면 이유 없이 <잡아먹으려> 든다."의 경우처럼 '포획'이나 '음식 섭취'보다 추상적인 뜻을 가진다.

합성 부사의 경우도 합성되기 전의 두 어근의 의미가 사라질 수 있다. <밤낮>은 "그는 <밤낮> 불평만 한다."의 경우처럼 '밤'과 '낮'의 뜻이 단순 결합된 뜻이 아니라, 좀더 추상적인 '항상'이라는 뜻을 가진다. 또한 "아우렐리우스의 《명상록》은 <오늘날>까지도 많은 사람에게 읽힌다."와 같이 <오늘날>도 '오늘'의 의미가 '시대'의 의미로 추상화된다.

하지만 이러한 구별 방법이 힘을 쓰지 못하는 경우가 너무도 많다. 오히려 국어 생활자들이 하나의 단어라고 인식할 정도로 자주 쓰는 '두 단어의 결합'이 합성어를 만든다고 봐야 할 것이다. 따라서 합성어들을 최대한 암기하고, 그 암기된 합성어들을 책 속에서 많이 만나야 한다. 그것만이 합성어와 관련한 띄어쓰기에 강해지는 방법이다.

(1) 합성 명사의 경우

우선 <관형사+명사>의 구조를 가진 <헛소리>, <첫사랑>은 <헛 소리>, <첫 사랑>으로 쓰지 않을 자신이 없다. 구조가 <관형사+명사>이기 때문이다. 이는 우리가 글을 쓰고 말을 할 때 매우 자연스러운 두 단어의 구조가 아닌가. 일반적인 관형사 <새>와 일반적인 명사 <책>이 만나면 <새 책>과 같이 띄어 쓰는 그런 구조 말이다. 이런 까닭에 <헛소리>, <첫사랑>을 합성어로 파악하고 붙여 쓸 수 있으려면, 상당한 노력이 필요할 것이다.

또한 <용언의 관형사형+명사> 구조를 가진 <굳은살>, <뜬소문>도 <굳은 살>, <뜬 소문>으로 띄어 쓸 가능성이 많다. 구조 자체가 매우 자연스러운 두 단어의 결합이기 때문이다. 일반적인 용언의 관형사형 <젊은>과 일반적인 명사 <날>이 만나면 <젊은 날>과 같이 띄어 쓰는 구조 말이다. 이런 까닭에 <굳은살>, <뜬소문>을 합성어로 파악하고 붙여 쓸 수 있으려면, 상당한 시간이 필요할 것이다.

앞에서 예를 들었던 합성 명사를 포함해서, 띄어쓰기가 혼란스러운 합성 명사의 몇 가지 예들을 정리해 본다.

가위바위보(O)　　　가위 바위 보(×)
고무신(O)　　　　　고무 신(×)
곱슬머리(O)　　　　곱슬 머리
구린내(O)　　　　　구린 내(×)
군밤(O)　　　　　　군 밤(×)
굳은살(O)　　　　　굳은 살

까막까치(O)   까막 까치(×)
너털웃음(O)   너털 웃음(×)
늦더위(O)   늦 더위(×)
돌다리(O)   돌 다리(×)
뜬소문(O)   뜬 소문(×)
몸가짐(O)   몸 가짐(×)
물렁뼈(O)   물렁 뼈(×)
보슬비(O)   보슬 비(×)
빈주먹(O)   빈 주먹(×)
산울림(O)   산 울림(×)
새언니(O)   새 언니(×)
손목(O)   손 목(×)
술래잡이(O)   술래 잡이(×)
오목거울(O)   오목 거울(×)
이슬비(O)   이슬 비(×)
작은아버지(O) 작은 아버지(×)
젖어미(O)   젖 어미(×)
줄넘기(O)   줄 넘기(×)
헛소리(O)   헛 소리(×)

(2) 합성 용언의 경우

　우선 <용언 어간+'-아/-어'+용언 어간> 구조를 가진 <뛰어나다>, <살아남다>는 <뛰어 나다>, <살아 남다>로 착각하기 쉽다. 구조 자체가 매우 자연스러운 두 단어의 결합이기 때문이다. 일반적인 용언의 어간에 어미 '-아/-어'가 결합된 <구워>와 일반적인 용언 <먹다>가 만날 때 <구워 먹다>와 같이 띄어 쓰는 구조 말이다. 이런 까닭에 <뛰어나다>, <살아남다>를 합성어로 파악하고 붙여 쓸 수 있으려면, 상당한 기억력이 필요할 것이다.
　마찬가지로 <용언 어간+'-고'+용언 어간> 구조를 가진 <파고들다>, <싸고돌다>도 <파고 들다>, <싸고 돌다>와 같이 띄어 쓰기 십상이다. 구조 자체가 매우 자연스러운 두 단어의 결합이기 때문이다. 일반적인 용언의 어간에 어미 '-고'가 결합된 <물고>와 일반적인 용언 <늘어지다>가 만날 때 <물고 늘어지다>와 같이 띄어 쓰는 구조 말이다. 이런 까닭에 <파고들다>, <싸고돌다>를 합성어로 파악하고 붙여 쓸 수 있으려면, 상당한 실력을 갖춰야 할 것이다.
　또한 <부사+용언 어간> 구조를 가진 <못생기다>, <바로잡다>도 <못 생기다>, <바로 잡다>로 착각하기 쉽다. 구조 자체가 매우 자연스러운 두 단어의 결합이기 때문이다. 일반적인 부사 <잘>과 일반적인 용언 어간 <자다>가 만날 때 <잘 자다>와 같이 띄어 쓰는 구조 말이다. 이런 까닭에 <못생기다>, <바로잡다>를 합성어로 파악하고 붙여 쓸 수 있으려면, 국어사전이 좀 닳아야 할 것이다.
　앞에서 예를 들었던 합성 용언을 포함해서, 띄어쓰기가 혼란스러운 합성 용언의 몇 가지 예들을 정리해 본다.

가로지르다(O)	가로 지르다(×)
감싸다(O)	감 싸다(×)
값싸다(O)	값 싸다(×)
검디검다(O)	검디 검다(×)
겉늙다(O)	겉 늙다(×)
게을러터지다(O)	게을러 터지다(×)
굶주리다(O)	굶 주리다(×)
귀먹다(O)	귀 먹다(×)
그만두다(O)	그만 두다(×)
꿈같다(O)	꿈 같다(×)
끌어들이다(O)	끌어 들이다(×)
낯설다(O)	낯 설다(×)
돌아가다(O)	돌아 가다(×)
들어내다(O)	들어 내다(×)
들어맞다(O)	들어 맞다(×)
떨어지다(O)	떨어 지다(×)
뛰어나다(O)	뛰어 나다(×)
마주앉다(O)	마주 앉다(×)
막되다(O)	막 되다(×)
못생기다(O)	못 생기다(×)
바라보다(O)	바라 보다(×)
바로잡다(O)	바로 잡다(×)
본받다(O)	본 받다(×)

빌어먹다(O)	빌어 먹다(×)
싸고돌다(O)	싸고 돌다(×)
쓰디쓰다(O)	쓰디 쓰다(×)
오르내리다(O)	오르 내리다(×)
알아보다(O)	알아 보다(×)
약아빠지다(O)	약아 빠지다(×)
얕보다(O)	얕 보다(×)
일어서다(O)	일어 서다(×)
잘나다(O)	잘 나다(×)
잡아먹다(O)	잡아 먹다(×)
장가들다(O)	장가 들다(×)
정신없다(O)	정신 없다(×)
재수없다(O)	재수 없다(×)
지나가다(O)	지나 가다(×)
짊어지다(O)	짊어 지다(×)
크디크다(O)	크디 크다(×)
타고나다(O)	타고 나다(×)
파고들다(O)	파고 들다(×)
풀죽다(O)	풀 죽다(×)
헤엄치다(O)	헤엄 치다(×)

실제로 국어사전을 찾아보니

앞에서 이왕 헤밍웨이의 《노인과 바다》 한 대목을 읽었으니, 이 작품 이야기를 좀더 해 보자.

《노인과 바다》는 헤밍웨이의 다른 작품들과 마찬가지로 치열한 직접 체험을 바탕으로 한 자서전적인 작품이다. 그는 쿠바의 아바나와 미국의 플로리다 주 키웨스트에서 지내며 바다낚시를 즐겼는데, 그가 잡은 청새치만도 800마리 정도 된다고 한다. 지루하게 이어지는 바다 생물들과의 사투 과정에서 보이는 고기잡이에 대한 전문적인 지식은 작품에 생동감을 불어넣는다. 평범한 우리도 800마리 정도 청새치를 잡으면 제법 그럴듯한 고기잡이 노인에 관한 소설 한 편은 쓸 수 있겠다는 생각이 든다.

한편 《노인과 바다》는 작품 구상에서 집필까지 무려 15년이 걸린 작품이다. 열린책들에서 출판된 《노인과 바다》의 번역자 이종인 씨의 작품해설에 의하면, 첫 문장을 쓰고 8주 만에 집필을 마쳤지만, 발표하기까지 2백 번이나 다시 읽으면서 일자 일구에 신경써 문장을 가다듬은 역작이라 한다. 평범한 우리도 글을 쓸 때, 국어사전을 찾아보며 200번이나 일자 일구에 신경쓴다면 겨우 띄어쓰기 따위에 쩔쩔매지는 않을 것이다.

800은 많다. 8마리 정도만 잡자. 200은 많다. 2번 정도만 국어사전을 찾아보며 글쓰기에 신경쓰자. 띄어쓰기 따위에는 파괴되지도 패배하지도 않을 것이다. 《노인과 바다》의 최고 명문장을 국어사전을 찾아보며 읽고, 띄어쓰기에 대해 설명해 보자. **"인간은 파괴될 수는 있지만 패배하지는 않는 거야."**

ⓐ <파괴될>은 어근 명사 <파괴>에 접미사 <-되->가 붙어 만들어진 단어 <파괴되다>의 관형사형이다. 즉 <파괴되->에 관형사형 어미 <-ㄹ>이 결합되어 의존 명사 <수>를 수식한다. <파괴 될>과 같이 띄어 써서는 안 된다.
ⓑ <패배하지는>은 어근 명사 <패배>에 접미사 <-하->가 붙어 만들어진 단어 <패배하다>의 연결형 <패배하지>에 보조사 <는>이 붙은 말이다.
ⓒ <않는>은 보조 용언의 현재 시제 관형사형으로 의존 명사 <거>를 수식한다.
ⓓ <거야>는 <것이야>의 구어이다. <거>는 구어에서 흔히 쓰이는 의존 명사이고 <야>는 서술격 조사이다. <패배하지는 않는 거야>는 이렇게 셋 모두 띄어 써야 한다.

〈17장 연습문제〉

앞에서 헤밍웨이의 《노인과 바다》에서 인용한 글을 읽었다. 그 글을 전부 붙여 써 놓았으니, 띄어 써야 할 마디에 체크를 해 보자. 정답은 앞서 읽었던 인용문에서 확인하면 된다. 한편 [부록1](241쪽)에 이 문제에 대해 풀이를 해 놓았다. 이 책을 모두 다 읽었으니 풀이 내용을 온전히 이해할 수 있을 것이다.

그는자신이이제회복불능일정도로두드려맞았다는것을알았다. 그는고물로돌아갔다. 깨진키손잡이가키의구멍에그런대로들어맞아배를조종할수가있었다. 그는포대를양어깨에두르고항로를바로잡았다. 배는이제가볍게나아갔고그는아무런생각도느낌도없었다. 그는이제모든것을다치렀고항로를바로잡아가능한한빠르고현명하게고향마을의항구로돌아가려애썼다.

부록1

연습문제

1. 연습문제 풀이

나는 안다는 것은 상처받는 일이어야 한다고 생각한다. 안다는 것, 더구나 결정적으로 중요하기 때문에 의도적으로 삭제된 역사를 알게 된다는 것은, 무지로 인해 보호받아 온 자신의 삶에 대한 부끄러움, 사회에 대한 분노, 소통의 절망 때문에 상처받을 수밖에 없는 일이다. - 정희진.《페미니즘의 도전》.

ⓐ <안다는>과 <것>은 띄어 썼다. ⋯ <알다>의 어간 <알->은 'ㄹ'로 끝나는데, 그럴 경우 어미 <-ㄴ다>와 결합할 때 그 'ㄹ'이 탈락하여 <안다>가 된다. 우리의 관심사인 <안다는>은 동사 <알다>의 활용형 <안다>와 <-고 하는>이 결합된 <안다고 하는>의 준말이다. 따지고 들자면 <안다는>은 동사의 활용형 <안다>, '인용'의 뜻을 가진 부사격조사 <고>, 그리고 '사람이 무엇이라고 이르거나 말하다'의 뜻을 가진 동사 <하는>, 이렇게 세 단어로 이루어져 있다. 하지만 '준말'일 경우, 마치 한 단어처럼 붙여 쓴다. <것>은 의존 명사이기 때문에 앞의 말 <안다는>과 띄어 쓴다.

ⓑ <상처받는>은 <상처 받는>과 같이 띄어 쓰지 않고 붙여 썼다. ⋯ 접미사 <-받->은 '그로 인한 결과를 입다' 혹은 '그러한 일을 당하다'의 뜻을 가진다. 당연히 취하는 어간 명사가 정해져 있다. 즉 모든 명사에 다 붙지는 않는 것이다. <상처>의 경우는 접미사 <-받->과 결합해 <상처받다>라고 하는 접두 파생어를 만들 수 있다. <상처받다>, <강요받다>, <사랑받다>, <영향받다> 등은 그렇게 만들어진 파생 동사들이다. 결론적으로 <상처받다>는 한 단어이므로 붙여 써야 한다.

ⓒ <생각한다>는 <생각 한다>와 같이 띄어 쓰지 않고 붙여 썼다. …▶ <-하-> 역시 매우 활발하게 쓰이는 접미사이다. 상당히 많은 수의 명사에 붙어 품사를 동사로 바꾸어 준다. <생각한다>도 전형적으로 그런 예이다. 결론적으로 <생각한다>는 한 단어이므로 붙여 써야 한다.

ⓓ <중요하기>와 <때문>은 띄어 썼다. …▶ <때문>은 의존 명사이다. 당연히 형용사 <중요하기>와 띄어 써야 한다.

ⓔ <삭제된>은 <삭제 된>과 같이 띄어 쓰지 않고 붙여 썼다. …▶ <-되->는 '서술성을 가진 일부 명사 뒤에 붙는 접미사'이다. '서술성을 가진 일부'라는 조건이 상당히 애매하다. <삭제>는 그 일부 속에 포함된다. 결론적으로 <삭제되다>는 한 단어이므로 붙여 써야 한다. <삭제된>이라고 하는 <삭제되다>의 관형사형도 마찬가지로 붙여 써야 한다. 용언의 활용형들은 형태만 다를 뿐 같은 단어이기 때문이다.

ⓕ <알게>와 <된다>는 띄어 썼다. …▶ 본 용언에 보조 용언이 연결되었다. 띄어 쓰는 것이 원칙이나 붙여 써도 무방하다. 하지만 여기서는 원칙대로 띄어 썼다. <알게>의 '-게'는 보조적 연결 어미이다.

ⓖ <보호받아>는 <보호 받아>처럼 띄어 쓰지 않고 붙여 썼다. …▶ <보호>는 접미사 <-받->이 붙을 수 없는 어근 명사이다. 따라서 <보호 받다>는 하나의 단어가 아닌 것이다. ⓑ에서의 <상처받다>가 하나의 단어인 것과 대조된다. <보호 받다>는 <보호를 받다>에서 목적격조사 <를>이 생략된 경우라고 보아야 한다. 결론적으로 <보호 받아>와 같이 띄어 써야 하는데, 인용문에서는 <보호받아>와 같이 붙여 썼으니 띄어쓰기를 제대로 하지 못한 것이다. 하지만 접미사 <-받->이 붙을 수 있는 어근 명사의 기준이 애매하므로, 글을 쓴 정희진 씨나 그 글을 편집한 편집자나, 큰 잘못을 저지른 것이라고 볼

수는 없다. 틀릴 만한 것을 틀린 것이다.

ⓗ <보호받아>와 <온>은 띄어 썼다. ⋯▸ <보호받아>를 <보호 받아>로 고쳐 설명하겠다. <온>은 '진행'의 의미를 가진 보조 용언이다. 따라서 본용언 <받아>와 띄어 써야 하지만 붙여 써도 무방하다. 여기서는 원칙대로 띄어 썼다.

ⓘ <절망>과 <때문>은 띄어 썼다. ⋯▸ <절망>은 명사, <때문>은 명사 중 의존 명사이다. 어쨌든 두 단어이다. 따라서 띄어 쓰는 것이 옳다. 만약 붙여 쓸 수 있으려면 <때문>이 조사이어야만 한다. 하지만 <때문>은 오직 의존 명사일 뿐이다.

ⓙ <상처받을>과 <수>는 띄어 썼다. ⋯▸ <상처받을>은 동사의 관형사형, <수>는 의존 명사이다. 따라서 이들은 두 단어이므로 띄어 쓰는 것이 옳다.

ⓚ <수밖에>는 <수 밖에>와 같이 띄어 쓰지 않고 붙여 썼다. ⋯▸ <밖에>는 '그것 이외에는'의 뜻을 가진 보조사이다. 따라서 앞의 의존 명사 <수>에 붙여 쓰는 것이 옳다.

ⓛ <일이다>는 <일 이다>와 같이 띄어 쓰지 않고 붙여 썼다. ⋯▸ <일>은 명사이고, <이다>는 서술격조사이다. 조사는 앞의 체언과 붙여쓴다. 따라서 둘을 붙여 쓰는 것이 옳다.

2. 연습문제 풀이

고유명사는 특정한 대상에 대해 붙여진 이름이므로 그러한 속성을 띤 대상은 오직

하나밖에는 없다. 서울 어느 동 몇 번지에 사는 '철수'라는 사람은 달리 없으며 임진왜란 때 왜적을 물리친 '이순신' 또한 하나뿐이고 '신라, 경주' 등 나라나 도시 이름도 마찬가지다. - 남기심·고영근,《표준국어문법론》.

ⓐ <특정한>과 <대상>은 띄어 썼다. ⋯▸ <특정한>은 <특정하다>의 관형사형이다. 따라서 뒤에 오는 체언을 수식한다. 그 체언이 바로 명사 <대상>이다. <특정한>은 형용사, <대상>은 명사, 이렇게 이들은 두 단어이다. 띄어 써야 마땅하다.

ⓑ <이름이므로>는 <이름 이므로>과 같이 띄어 쓰지 않고 붙여 썼다. ⋯▸ <이름>은 명사이다. <이므로>는 서술격조사 <이다>의 어간 <이->에 어미 <-므로>가 결합된 활용형이다. 그러나 어쨌든 <이므로>는 서술격조사이다. 따라서 선행 명사와 붙여 써야 한다.

ⓒ <하나밖에는>은 <하나 밖에는>과 같이 띄어 쓰지 않고 붙여 썼다. ⋯▸ <하나>는 체언 중 수사에 해당한다. 그리고 <밖에>와 <는>은 모두 보조사이다. 조사는 이렇게 연이어 붙을 수 있다. 결국 <밖에는> 전체가 조사에 해당하는 것이다. 따라서 앞의 체언인 수사 <하나>에 붙여 써야 한다.

ⓓ <어느>와 <동>은 띄어 썼다. ⋯▸ <어느>는 관형사, <동>은 명사이므로 당연히 띄어 써야 한다.

ⓔ <몇>과 <번지>는 띄어 썼다. ⋯▸ "사 곱하기 삼은 <몇>이지?" 혹은 "해가 바뀌면 네 나이가 <몇>이지?"의 경우에는 <몇>이 수사이다. 하지만 '뒤에 오는 말과 관련하여, 그리 많지 않은 얼마만큼의 수'를 뜻하는 경우에 <몇>은 관형사이다. 따라서 인용문의 경우는 관형사이다. 따라서 <몇>은 뒤에 오는 명사 <번지>와 띄어 써야 옳다.

ⓕ <'철수'라는>은 <'철수' 라는>과 같이 띄어 쓰지 않고 붙여 썼다. ⋯▸ <라는>은 <라고 하는>의 준말이다. <라고>는 인용할 때 쓰이는 부사격 조사이고, <하는>은 '불리는'의 의미를 대신하는 동사이다. '철수'와 그 바로 뒤에 나오는 조사 <라고>는 붙여 써야 옳다. 그리고 <라고 하는>이 <라는>으로 준말이 될 때는 이 둘을 붙여 쓴다.

ⓖ <달리>와 <없으며>는 띄어 썼다. ⋯▸ <달리>는 부사이고, <없으며>는 형용사이다. 당연히 띄어 써야 한다.

ⓗ <임진왜란>과 <때>는 띄어 썼다. ⋯▸ <임진왜란>은 명사, <때>도 명사이다. 따라서 두 단어이므로 띄어 써야 한다.

ⓘ <하나뿐>은 <하나 뿐>과 같이 띄어 쓰지 않고 붙여 썼다. ⋯▸ 여기서 <뿐>은 보조사이다. 따라서 앞의 체언인 <하나>에 붙여 쓴다. 다만 <뿐>은 "철수는 합격했을 <뿐> 아니라 장학금도 탔다."에서와 같이 의존 명사로 쓰일 때도 있으니 주의해야 한다.

ⓙ <하나뿐이고>는 <하나뿐 이고>와 같이 띄어 쓰지 않고 붙여 썼다. ⋯▸ 서술격조사 <이다>는 앞의 체언에 붙여 써야 하는데, <이다>와 앞의 체언 사이에 보조사가 들어갈 수도 있다. 결국 <하나>는 보조사 <뿐>과 서술격조사 <이다>, 이렇게 두 개의 조사를 취한 꼴이다. 이렇게 조사가 연이어 나타나는 일은 국어에서 아주 흔하다.

ⓚ <'신라, 경주'>와 <등>은 띄어 썼다. ⋯▸ <등>이 의존 명사이기 때문이다.

3. 연습문제 풀이

문화선진국 프랑스는 '국어 보호법'을 제정하여 지나치다 싶을 정도로 모국어를 보호하고 있으며, 그 국민들은 일상적인 대화 가운데서도 어법을 어기게 되면 스스로 '미안하다'고 사과한 다음에 말을 바로잡는 것이 습관화되어 있다고 한다. 우리는 어떤가? 우리말의 오염된 정도를 감안하면 프랑스보다 두 배 정도는 노력을 기울여야 할 터이다. 그럼에도 우리 문화 정책을 담당하는 관료들과, 문화 권력을 행사하는 거대 언론 매체들은 우리말에 대해서 그다지 관심이 있어 보이지 않는다. - 박남일.《우리말 풀이 사전》.

ⓐ <지나치다 싶을>은 <지나치다싶을>과 같이 붙여 쓰지 않고 띄어 썼다. ⋯▶ 본 용언 <지나치다>와 보조 용언 <싶을>이 연이어 쓰였다. 따라서 띄어 쓰는 것이 원칙이나 붙여 써도 무방한데, 여기서는 원칙대로 띄어 썼다. <싶을>은 '그렇게 생각된다는 의견을 확실치 않게 나타내는 말'이다.

ⓑ <어기게 되면>은 <어기게되면>과 같이 붙여 쓰지 않고 띄어 썼다. ⋯▶ 본 용언 <어기게>와 보조 용언 <되면>이 연이어 쓰였다. 따라서 띄어 쓰는 것이 원칙이나 붙여 써도 무방한데, 여기서는 원칙대로 띄어 썼다. <되면>은 '앞의 말이 뜻하는 행동이나 상태가 이루어짐을 나타내는 말'이다.

ⓒ <바로잡는>은 <바로 잡는>과 같이 띄어 쓰지 않고 붙여 썼다. ⋯▶ <부사+용언 어간>의 구조를 갖는 합성 동사이다. 하나의 단어이니 당연히 붙여 써야 옳다.

ⓓ <바로잡는 것>은 <바로잡는것>과 같이 붙여 쓰지 않고 띄어 썼다. ⋯▶ <것>은 의존 명사이다. 따라서 자신을 수식해 주는 <바로잡는>과 띄어

써야 옳다.

ⓔ <습관화되어>는 <습관화 되어>와 같이 띄어 쓰지 않고 붙여 썼다. … <-되->는 접미사다. 따라서 <습관화되어>와 같이 붙여 써야 옳다. 참고로 <-화(化)>도 일부 명사 뒤에 붙어 '그와 같이 만들거나 되어감'의 뜻을 더하여 명사를 만드는 접미사다. 결국 <습관화되어>는 접미사가 두 개나 쓰였다.

ⓕ <두 배>는 <두배>와 같이 붙여 쓰지 않고 띄어 썼다. … 수관형사 <두>와 수량 단위 의존 명사 <배>는 각각 다른 단어이므로 당연히 띄어 써야 옳다. 다만 <2배>와 같이 수관형사를 숫자로 표시한다면 붙여 써야 한다.

ⓖ <할 터>는 <할터>와 같이 붙여 쓰지 않고 띄어 썼다. … <터>는 의존 명사이다. 따라서 자신을 수식해 주는 <할>과 띄어 써야 옳다.

ⓗ <터이다>는 <터 이다>와 같이 띄어 쓰지 않고 붙여 썼다. … <터>는 의존 명사이므로 뒤에 오는 조사와 붙여 써야 한다. 그런데 뒤에 서술격조사 <이다>가 왔다. 당연히 붙여 써야 옳다.

4. 연습문제 풀이

정신분석에 대한 반감은 가끔 그 어휘에 대한 야유의 형태로 나타난다. (…) 그러나 정신분석은 다른 직업이나 학문처럼 그것에 고유한 용어가 필요하다. 정신분석은 연구와 치료를 위한 새로운 방법이자 심리 장치의 정상적이고 병리적인 작용에 대한 이론인데, 어떻게 새로운 발견과 개념이 새로운 용어의 힘을 빌리지 않고 공식화될 수 있겠는가? - 장 라플랑슈·장 베르트랑 퐁탈리스. 《정신분석 사전》.

ⓐ <그 어휘>는 <그어휘>와 같이 붙여 쓰지 않고 띄어 썼다. ⋯▶ <그>는 관형사, <어휘>는 명사이다. 당연히 띄어 써야 옳다. 다만 <이이>, <그이>, <저이>, <이분>, <그분>, <저분>, <이곳>, <그곳>, <저곳>, <이곳>, <그곳>, <저곳> 등 대명사로 굳어진 것들은 하나의 단어이니 붙여 쓴다.

ⓑ <정상적>은 <정상 적>과 같이 띄어 쓰지 않고 붙여 썼다. ⋯▶ <적(的)>은 접미사이므로 붙여 써야 옳다.

ⓒ <정상적이고>는 <정상적 이고>와 같이 띄어 쓰지 않고 붙여 썼다. ⋯▶ <정상적>은 명사이므로 서술격조사 <이다>와 붙여 쓴다.

ⓓ <공식화될>은 <공식화 될>과 같이 띄어 쓰지 않고 붙여 썼다. ⋯▶ <공식화>는 명사, <-되->는 접미사이므로 <공식화될>이 옳다.

ⓔ <공식화될 수>는 <공식화될수>와 같이 붙여 쓰지 않고 띄어 썼다. ⋯▶ <수>는 의존 명사이므로 자신을 수식하는 <공식화될>과 띄어 써야 옳다.

5. 연습문제 풀이

미국 작가 스티븐 킹은 <저술은 인간이, 편집은 신이 한다>라고 말했습니다. 저술은 때로 모험과 도전일 수 있지만, 편집은 언제나 100퍼센트 완성도를 향한 끝없는 노력이기 때문입니다. - 열린책들 편집부.《열린책들 편집 매뉴얼》.

ⓐ <미국 작가>는 <미국작가>와 같이 붙여 쓰지 않고 띄어 썼다. ⋯▶ 명

사와 명사가 이어질 때면 앞의 명사가 뒤의 명사를 수식하는 기능을 한다. 이때 두 명사는 원칙적으로는 띄어 쓰나, 붙여 써도 무방하다. 여기서는 원칙대로 띄어 썼다.

ⓑ <스티븐 킹>은 <스티븐킹>과 같이 붙여 쓰지 않고 띄어 썼다. ⋯▶ 우리나라 이름인 경우는 성과 이름을 <홍길동>과 같이 붙여 쓴다. 하지만 외국인의 이름인 경우는 반드시 띄어 쓴다.

ⓒ <라고>는 앞의 문장에 붙여 썼다. ⋯▶ <라고>는 '다른 사람의 말을 그대로 가져와 직접 인용함'을 나타내는 부사격 조사이다. 당연히 앞의 인용문 <저술은 인간이, 편집은 신이 한다>에 붙여 쓴다.

ⓓ <도전일>은 <도전 일>과 같이 띄어 쓰지 않고 붙여 썼다. ⋯▶ <일>은 서술격 조사이다. 따라서 앞의 명사 <도전>에 붙여 쓴다.

ⓔ <도전일 수>는 <도전일수>와 같이 붙여 쓰지 않고 띄어 썼다. ⋯▶ <수>는 의존 명사이다. 따라서 자신을 수식하는 <도전일>과 띄어 쓴다.

ⓕ <100퍼센트>는 <100 퍼센트>와 같이 띄어 쓰지 않고 붙여 썼다. ⋯▶ 퍼센트는 수량 단위 의존 명사이다. 100은 숫자로 표기된 수관형사이다. <백>과 달리 숫자로 된 수관형사이므로 수량 단위 의존 명사와 붙여 쓴다.

ⓖ <끝없는>은 <끝 없는>과 같이 띄어 쓰지 않고 붙여 썼다. ⋯▶ <명사+용언 어간>의 구조를 갖는 합성 용언이다. 따라서 붙여 쓴다.

ⓗ <노력이기 때문>은 <노력이기때문>과 같이 붙여 쓰지 않고 띄어 썼다. ⋯▶ <때문>은 의존 명사이다. 따라서 <노력이기>와 띄어 써야 옳다.

ⓘ <때문입니다>는 <때문 입니다>와 같이 띄어 쓰지 않고 붙여 썼다. ⋯▶ <때문>은 의존 명사이므로 서술격조사 <입니다>와 붙여 쓴다.

6. 연습문제 풀이

    서술격조사는 체언으로 하여금 주어의 내용을 지정·서술하는 기능을 갖도록 해 준다. 이런 점을 중시하여 '이다'를 지정사( ) 또는 잡음씨라고 부르는 일도 있으나 이곳에서는 그 비자립적 성격을 고려하여 조사로 보기로 하였으므로 격조사의 한 갈래로 간주하게 되었다. - 남기심·고영근.《표준국어문법론》.

    ⓐ <체언으로 하여금>은 <체언으로하여금>과 같이 붙여 쓰지 않고 띄어 썼다. … <하여금>은 부사이다. 당연히 띄어 써야 옳다. 붙여 쓰려면 <으로 하여금> 전체가 조사이어야 할 것이나, <으로하여금>이라는 조사는 없다.

    ⓑ <서술하는>은 <서술 하는>과 같이 띄어 쓰지 않고 붙여 썼다. … <-하->는 접미사이다. 당연히 앞의 명사 <서술>과 붙여 써야 옳다.

    ⓒ <해 준다>는 <해준다>와 같이 붙여 쓰지 않고 띄어 썼다. … <해>가 본 용언, <준다>가 보조 용언이므로 붙여 쓰는 것이 원칙이나 띄어 써도 무방하다. 하지만 여기서는 원칙대로 띄어 썼다.

    ⓓ <이런 점>은 <이런점>과 같이 붙여 쓰지 않고 띄어 썼다. … <이런>은 '상태나 모양, 성질 따위가 이러한'의 뜻을 가진 관형사이다. 그리고 <점>은 '여러 속성들 가운데서 어느 한 부분을 드러내고자 할 때 쓰는 말'의 뜻을 가지는 명사이다. 당연히 둘은 띄어 써야 옳다.

    ⓔ <비자립적>은 <비 자립적> 혹은 <비자립 적>과 같이 띄어 쓰지 않고 붙여 썼다. … <비(非)->는 접두사, <-적(的)>은 접미사이므로 당연히 모두 붙여 써야 한다.

ⓕ <한 갈래로>는 <한갈래로>와 같이 붙여 쓰지 않고 띄어 썼다. ⋯▶ <한>은 수관형사, <갈래>는 수량 단위 형식 명사이므로 띄어 쓰는 것이 옳다. 만약에 <한갈래로>와 같이 붙여 쓰려면, <한>이 접두사이어야 한다. 물론 <한>이 접두사인 경우가 있다. <한구석>, <한눈>, <한몫>, <한순간>, <한시름> 등의 단어가 그런 예이다. 이들의 경우 <한>의 뜻은 '하나'라는 뜻에서 멀어졌다.

7. 연습문제 풀이

한 편의 시를 고치는 동안 나는 말로 다할 수 없는 쩨쩨하고 치사한 사내가 된다. 창피할 정도로 별의별 짓을 다 한다. 나비도감을 들추고, 포털사이트에서 얼갈이배추에 대해 알아본다. 행을 한 번 바꾸는 데 열 번 정도는 이리저리 붙였다가 뗐다가 해본다. - 안도현,《가슴으로도 쓰고 손끝으로도 써라》.

ⓐ <한 편>은 <한편>과 같이 붙여 쓰지 않고 띄어 썼다. ⋯▶ <한>과 <편>은 각각 수관형사와 수량 단위 형식 명사이므로 띄어 쓰는 것이 옳다.
ⓑ <다할 수 없는>은 모두 띄어 썼다. ⋯▶ <다할 수>의 <수>는 의존 명사이므로 자신을 수식해 주는 <다할>과 띄어 써야 옳다. <없는>은 형용사이다. <수 없는>은 <수가 없는>에서 주격조사 <가>가 탈락한 경우이다.
ⓒ <별의별 짓>은 <별의별짓>과 같이 붙여 쓰지 않고 띄어 썼다. ⋯▶ <별의별>은 '보통과는 다른 갖가지의'라는 뜻의 관형사이다. 그리고 <짓>은

의존 명사이다. 따라서 띄어 쓰는 것이 옳다.

　ⓓ ＜다 한다＞는 ＜다한다＞와 같이 붙여 쓰지 않고 띄어 썼다. …▶ ＜다＞는 부사이고 ＜한다＞는 동사이다. 즉 '할 수 있는 일은 모두'라는 뜻을 가진 부사가 동사를 수식하고 있는 것이다. 따라서 띄어 써야 옳다. 물론 ＜다하다＞를 붙여야 할 때도 있다. 바로 ＜다하다＞가 하나의 동사일 때이다. 그러나 그때의 ＜다하다＞는 동사로서 '없어져서 더는 남아 있지 않은 상태가 되다'의 뜻을 갖는다. 예를 들어 "그는 자신의 생명이 ＜다했다＞는 것을 알았기에 곡기를 스스로 끊었다."의 ＜다했다＞는 하나의 동사로서 ＜다 했다＞처럼 띄어 써서는 안 된다.

　ⓔ ＜알아본다＞는 ＜알아 본다＞와 같이 띄어 쓰지 않고 붙여 썼다. …▶ 여기서 ＜알아본다＞는 ＜용언 어간+'-아/-어'+용언 어간＞의 구조를 가진 합성 동사이다. 즉 한 단어인 것이다. 따라서 붙여 써야 옳다.

　ⓕ ＜한 번＞은 ＜한번＞과 같이 붙여 쓰지 않고 띄어 썼다. …▶ ＜한＞은 수관형사이고 ＜번＞은 수량 단위 의존 명사이다. 따라서 띄어 써야 한다. ＜한번＞은 "안 사셔도 괜찮으니 ＜한번＞ 입어나 보세요."에서와 같이 '시험 삼아'의 뜻을 가진 부사이다.

8. 연습문제 풀이

　학교 문법이라는 용어는 말 그대로 학교에서 교수·학습되는 문법이다. 다시 말하면 교육용 문법이라는 말이다. 학교에서 가르쳐지는 문법 과목에는 국가 수준의 교육

과정이 공통적으로 적용되기 때문이다. 거기에서 가르쳐지는 문법은 통일성을 지닐 수밖에 없을 것이다. - 이관규,《학교문법론》.

ⓐ <말 그대로>는 <말그대로>와 같이 붙여 쓰지 않고 띄어 썼다. ⋯ <말>은 명사, <그대로>는 부사이다. 두 단어이므로 당연히 띄어 써야 한다. 만약 <말그대로>가 맞으려면, <그대로>가 조사이어야 한다. 하지만 국어에는 그런 조사가 없다.

ⓑ <학습되는>은 <학습 되는>과 같이 띄어 쓰지 않고 붙여 썼다. ⋯ <-되-></-되->는 접미사이므로 앞의 어근 명사 <학습>과 붙여 써야 한다.

ⓒ <교육용>은 <교육 용>과 같이 띄어 쓰지 않고 붙여 썼다. ⋯ <-용(用)>은 접미사이다. 따라서 앞의 어근 명사 <교육>과 붙여 써야 한다.

ⓓ <가르쳐지는>은 <가르쳐 지는>과 같이 띄어 쓰지 않고 붙여 썼다. ⋯ 본 용언 <가르치다>의 어간 <가르치->에 보조적 연결 어미 <-어>를 결합한 <가르치어>는 자연스럽게 <가르쳐>로 줄어든다. 이 <가르쳐> 뒤에 보조 용언 <지는>이 따랐다. 본 용언과 보조 용언은 원칙적으로 띄어 쓰되, 붙여 써도 무방하다고 우리는 공부했다. 그런데 예외가 있다. '-어지다'의 경우는 무조건 붙여 쓴다. 따라서 <가르쳐지는>은 붙여 쓰는 것이 옳다.

ⓔ <수밖에>는 <수 밖에>와 같이 띄어 쓰지 않고 붙여 썼다. ⋯ <수>는 의존 명사이고, <밖에>는 보조사이다. 따라서 이 둘은 붙여 써야 옳다.

9. 연습문제 풀이

　　그때 달빛이 밝아 대낮 같고, 매화가 만개했는데, 백발을 바람에 날려 나부끼고 맑은 음향이 암향 에 타 흐르니 마치 신선이 내려온 듯, 문득 맑고 시원한 기운이 온몸에 가득함을 느꼈다. 용재는 참으로 선골유골 의 풍류객이라 할 만하다. - 신정일.《풍류》.

　　ⓐ <그때>를 <그 때>와 같이 띄어 쓰지 않고 붙여 썼다. ⋯ <그 때>는 자주 쓰이면서 <그때>라는 명사로 굳어졌다. 따라서 한 단어가 된 <그때>는 붙여 써야 옳다.

　　ⓑ <대낮 같고>를 <대낮같고>와 같이 붙여 쓰지 않고 띄어 썼다. ⋯ <대낮>은 명사이고 <같고>는 형용사이다. 따라서 둘은 띄어 써야 옳다. 만약 <대낮같고>를 붙여 쓰려면, <같고>가 조사이어야 하는데, 그런 조사는 국어에 없다.

　　ⓒ <만개했는데>를 <만개 했는데>와 같이 띄어 쓰지 않고 붙여 썼다. ⋯ 접미사 <-하->가 어근 명사인 <만개>에 붙은 파생 동사, 즉 하나의 단어이므로 띄어 써야 옳다.

　　ⓓ <타 흐르니>를 <타흐르니>와 같이 붙여 쓰지 않고 띄어 썼다. ⋯ <타흐르니>는 합성명사로 인정되지 않는다. <타 흐르니>는 <타고 흐르니>를 조금 멋스럽게 표현한 것으로 보인다.

　　ⓔ <내려온 듯>을 <내려온듯>과 같이 붙여 쓰지 않고 띄어 썼다. ⋯ <듯>은 의존 명사이므로 자신을 수식하는 <내려온>과 띄어 써야 옳다. 만약

<내려온듯>이 옳으려면, '-ㄴ듯'이라는 어미가 있어야 한다. 하지만 그러한 어미는 국어에 없다.

ⓕ <온 몸>을 <온몸>과 같이 붙여 쓰지 않고 띄어 썼다. … <온>이 관형사, <몸>이 명사라면 둘은 띄어 써야 옳다. 하지만 <온몸>은 '몸의 전체'라는 뜻의 명사이므로 하나의 단어이고, 당연히 붙여 써야 한다. 인용문이 제대로 띄어쓰기를 하지 못했다.

ⓖ <할 만하다>를 <할만하다>와 같이 붙여 쓰지 않고 띄어 썼다. … 문법 연구자 사이에 이런 저런 논란이 있지만, <만하다>는 보조 용언과 거의 같다고 볼 수 있다. 따라서 본 용언 <할>과 띄어 쓰는 것이 원칙이나 붙여 써도 무방하다. 여기서는 원칙적으로 띄어 썼다.

10. 연습문제 풀이

인간은 언어를 통해 세계를 본다. 만약 언어가 없다면 세계 역시 아무런 의미도 없게 된다. 연암 박지원은 만물을 "쓰지 않은 문장"으로 보았다. (…) 모든 존재는 언어로 기술되기 이전에는 인식될 수 없다. 우리가 인식하는 세계는 우리가 언어를 통해 만들어낸 세계인 것이다. 그러므로 글을 쓰는 사람은 '세계를 창조하고 있다'고 볼 수 있다. - 박민영, 《즐거움의 가치 사전》.

ⓐ <없게 된다>는 <없게된다>처럼 붙여 쓰지 않고 띄어 썼다. … <없게>는 본 용언, <된다>는 보조 용언이므로 둘은 띄어 쓰는 것이 원칙이나 붙

여 써도 무방하다. 여기서는 원칙대로 띄어 썼다.

ⓑ <쓰지 않은>은 <쓰지않은>처럼 붙여 쓰지 않고 띄어 썼다. … <쓰지>는 본 용언, <않은>은 보조 용언이므로 둘은 띄어 쓰는 것이 원칙이나 붙여 써도 무방하다. 여기서는 원칙대로 띄어 썼다.

ⓒ <만들어낸>은 <만들어 낸>처럼 띄어 쓰지 않고 붙여 썼다. … <만들어>는 본 용언, <낸>은 보조 용언이라 띄어 쓰는 것이 원칙이나 붙여 쓸 수도 있다. 여기서는 붙여 썼다. <만들어낸>은 <만들어 낸>과 마찬가지로 옳게 띄어쓰기된 것이다.

ⓓ <창조하고 있다>는 <창조하고있다>처럼 붙여 쓰지 않고 띄어 썼다. … <창조하고>는 본 용언, <있다>는 보조 용언이므로 둘은 띄어 쓰는 것이 원칙이나 붙여 써도 무방하다. 여기서는 원칙대로 띄어 썼다.

ⓔ <인식하는>은 <인식 하는>처럼 띄어 쓰지 않고 붙여 썼다. … 접미사 <-하->는 어근 명사 <인식>에 붙여 써야 한다. 국어에서 접미사 <-하->는 참으로 많이 쓰이는 것을 알 수 있다. 문제풀이에서 계속 반복돼 나오는 것을 봐도 알 수 있다.

11. 연습문제 풀이

마을 아이들에게 <천자문>을 가르쳤는데 아이들이 읽기 싫어하였다. 그래서 야단을 쳤더니 이렇게 말하는 것이었다. "하늘을 보면 새파란데 하늘 '천' 자에는 아무리 봐도 푸른 빛이 없잖아요? 그래서 읽기 싫어요." 아이들의 총명함이 문자를 만든 창힐

(중국에서 한자를 처음 만들었다고 전해지는 인물)을 기죽인다. - 박희병.《선인들의 공부법》.

ⓐ <말하는 것이었다>는 <말하는것이었다>와 같이 붙여 쓰지 않고 띄어 썼다. ⋯► <것>은 의존 명사이므로 자신을 수식해 주는 <말하는>과는 띄어 쓰고, 서술격조사 <이었다>와는 붙여 쓴다.

ⓑ <새파란데>는 <새 파란데>와 같이 띄어 쓰지 않고 붙여 썼다. ⋯► <새->는 주로 색채에 쓰여 '매우'의 뜻을 가지는 접두사이다. 따라서 <파란데>와 붙여 써야 옳다. 만약 <새>가 '지금까지 없던 것이 처음 생겨나거나 이미 있던 것이 다시 시작된' 혹은 '사용한 지 얼마 안 되는'의 뜻을 가진 관형사라면 <파란데>와 띄어 써야 할 것이나, 여기서 <새>는 그런 뜻이 전혀 없다.

ⓒ <푸른 빛>은 <푸른빛>과 같이 붙여 쓰지 않고 띄어 썼다. ⋯► <푸른>은 형용사의 관형사형이고, <빛>은 <푸른>의 수식을 받는 명사이다. 따라서 둘은 띄어 써야 옳다. 만약 <푸른빛>과 같이 붙여 쓰려면 <빛>이 접미사이어야 하는데, 국어에는 그런 접미사가 없다.

ⓓ <기죽인다>는 <기 죽인다>와 같이 띄어 쓰지 않고 붙여 썼다. ⋯► <기죽이다>는 <명사+용언 어간>의 구조를 갖는 합성 동사이다. 당연히 붙여 써야 옳다.

12. 연습문제 풀이

"프로크루스테스 같은"은 독단적으로 복종을 강요하거나 이미 확립된 규범에 대한 가혹한 강요를 뜻한다. "프로크루스테스의 침대"라는 말이 여기에서 비롯하였다. 모든 제도, 법률, 규칙은 프로크루스테스의 침대 같은 면이 있다. - 이재호·김원중. 《서양문화지식사전》.

ⓐ <프로크루스테스 같은>은 <프로크루스테스같은>과 같이 붙여 쓰지 않고 띄어 썼다. ⋯▸ <같은>은 형용사이다. 따라서 <프로크루스테스 같은>과 같이 띄어 써야 옳다. 만약 <프로크루스테스같은>과 같이 붙여 쓰려면 <같은>이 조사이어야 하는데 그런 조사는 국어에 없다.

ⓑ <확립된>은 <확립 된>과 같이 띄어 쓰지 않고 붙여 썼다. ⋯▸ <-되->는 접미사이다. 따라서 앞의 어근 명사 <확립>에 붙여 써야 옳다. <-하-> 못지않게 <-되->도 국어에서 많이 사용되는 접미사이다.

ⓒ <뜻한다>는 <뜻 한다>와 같이 띄어 쓰지 않고 붙여 썼다. ⋯▸ <-하->는 접미사이다. 따라서 어근 명사인 <뜻>과 붙여 써야 한다. <"프로크루스테스 같은"은 독단적으로 복종을 강요하거나 이미 확립된 규범에 대한 가혹한 강요를 뜻한다.>는 띄어쓰기는 제대로 돼 있지만, 안타깝게도 비문이다. 즉 비문법적인 문장이다. <"프로크루스테스 같은"은 독단적인 복종의 강요, 혹은 이미 확립된 규범의 가혹한 강요를 뜻한다.>와 같이 고쳐야 한다.

ⓓ <"프로크루스테스의 침대" 라는>은 <"프로크루스테스의 침대" 라는>과 같이 띄어 쓰지 않고 붙여 썼다. ⋯▸ <라는>은 <라고 하는>의 준말이다. <라고>는 인용할 때 쓰이는 부사격조사이고, <하는>은 '불리는'의 의미를 대신하는 동사이다. 명사구인 '프로크루스테스의 침대'와 그 바로 뒤에 나오는 조사 <라고>는 붙여 써야 하고, <라고 하는>이 <라는>으로 준말이

돼 버린 경우에는 모두 붙여 쓴다.

ⓔ <비롯하였다>는 <비롯 하였다>와 같이 띄어 쓰지 않고 붙여 썼다. ⋯▶ <-하->는 품사가 불분명한 <비롯>과 같은 어근에도 붙어 파생 동사를 만들 수 있다. 그런 예로는 <깔끔하다>, <딱하다>, <뿌듯하다> 등이 있다. 따라서 하나의 단어인 <비롯하였다>는 붙여 써야 옳다.

13. 연습문제 풀이

이번 일로 톰은 스스로는 미처 알아차리지 못했지만 인간의 행동을 둘러싼 아주 큰 법칙을 발견했다. 즉 어른이든 아이든 뭔가를 애타게 원하게 하려면 그게 뭐든 간에 쉽사리 손에 넣을 수 없게 하면 된다는 것을. (⋯) 영국에는 많은 돈을 치러야 누릴 수 있는 특권이라는 이유로 여름에 말 네 마리가 끄는 여객 마차를 매일같이 20, 30마일이나 타고 다니는 부자 신사들이 꽤 있다. 하지만 그렇게 마차를 타고 다니는 대가로 돈을 받는다면 그것은 일이 될 테고, 그러면 부자 신사들은 그 일을 그만둘 것이다. - 마크 트웨인,《톰 소여의 모험》.

ⓐ <이번 일로>은 <이번일로>와 같이 붙여 쓰지 않고 띄어 썼다. ⋯▶ <이번>은 명사, <일>도 명사이다. 두 단어이니 띄어 써야 옳다.

ⓑ <알아차리지>는 <알아 차리다>와 같이 띄어 쓰지 않고 붙여 썼다. ⋯▶ <용언 어간+'-아/-어'+용언 어간> 구조의 합성 동사이다. 당연히 붙여 써야 한다.

ⓒ <알아차리지 못했지만>은 <알아차리지못했지만>과 같이 붙여 쓰지 않고 띄어 썼다. ⋯⋅ <알아차리지>는 본 용언, <못했지만>은 보조 용언이다. 본 용언과 보조 용언은 띄어 쓰는 것이 원칙이나 붙여 써도 무방하다. 여기서는 원칙대로 띄어 썼다.

ⓓ <둘러싼>은 <둘러 싼>과 같이 띄어 쓰지 않고 붙여 썼다. ⋯⋅ <용언 어간+'-아/-어'+용언 어간> 구조의 합성 동사이다. 따라서 붙여 써야 옳다. 여기에서 <둘러싸다>는 '관심의 중심 대상으로 하다'의 추상적인 뜻을 가진다. 이때 <두르다>나 <싸다>의 구체적 의미는 사라진다. 따라서 이렇듯 원래 어근의 뜻을 상실하고, 추상적인 뜻을 가질 수도 있는 <둘러싸다>는 합성 동사일 가능성이 높았다. 그리고 그 가능성은 현실화됐다.

ⓔ <뭐든 간에>는 <뭐든간에>와 같이 붙여 쓰지 않고 띄어 썼다. ⋯⋅ <간>은 의존 명사이다. 따라서 자신을 수식하는 <뭐든>과 띄어 쓴다.

ⓕ <네 마리>는 <네마리>와 같이 붙여 쓰지 않고 띄어 썼다. ⋯⋅ <네>는 수관형사, <마리>는 수량 단위 의존 명사이다. 당연히 둘은 띄어 써야 한다.

ⓖ <매일같이>는 <매일 같이>와 같이 띄어 쓰지 않고 붙여 썼다. ⋯⋅ <부사+부사>의 구조를 가진 합성 부사이다. 당연히 붙여 써야 한다. 이런 구조의 부사로는 <곧잘>, <잘못>, <좀더> 등이 있다.

ⓗ <타고 다니는>은 <타고다니는>과 같이 붙여 쓰지 않고 띄어 썼다. ⋯⋅ <타고 다니는>은 <타고>와 <다니는>, 이 두 동사가 연이어 나타난 것일 뿐이다. 즉 두 동사인 것이다. 따라서 띄어 써야 옳다. 만약 <타고다니는>과 같이 붙여 쓰려면, <타고다니다>가 합성 동사이어야 한다. 하지만 국어에는 그런 합성 동사가 없다.

ⓘ <될 테고>는 <될테고>와 같이 붙여 쓰지 않고 띄어 썼다. … <터>는 의존 명사이므로 자신을 수식해 주는 <될>과 띄어 써야 한다. 한편 <터>는 서술격조사 <이고>와 붙여 써 <터이고>가 되는데, 이 <터이고>는 <테고>로 줄어들 수 있다.

ⓙ <그 일을>은 <그일을>과 같이 붙여 쓰지 않고 띄어 썼다. … 관형사 <그>가 명사 <일>을 수식하고 있다. 당연히 띄어 써야 한다. 그리고 명사 <일>은 목적격조사 <을>과 붙여 써야 옳다.

ⓚ <그만둘>은 <그만 둘>과 같이 띄어 쓰지 않고 붙여 썼다. … <그만둘>은 <부사+용언 어간> 구조의 합성 동사이다. 당연히 붙여 써야 한다.

14. 연습문제 풀이

'없는 것'을 생각한다는 것은 무의미하다. 다음에 '있다'고 하는 것을 생각하여 '있는 것'이 무엇인가로부터 생겨났다고 말하면, 생겨나기 전에는 이 '있는 것'은 없었던 것이 된다. 그러므로 '있는 것'은 생기지도 않고 끝나지도 않는다. (…) 파르메니데스의 '있다(존재하다)'를 통해 완전하고 변화하지 않는 '존재'라는 생각이 생겨났다. - 고사카 슈헤이.《함께 가 보는 철학사 여행》.

ⓐ <없는 것>은 <없는것>과 같이 붙여 쓰지 않고 띄어 썼다. … <것>은 의존 명사이므로 자신을 수식해 주는 <없는>과 띄어 써야 옳다.

ⓑ <생겨났다고>는 <생겨 났다고>와 같이 띄어 쓰지 않고 붙여 썼다. …

<용언 어간+'-아/-어'+용언 어간> 구조의 합성 동사이다. 당연히 붙여 써야 한다.

ⓒ <생기지도 않고>는 <생기지도않고>와 같이 붙여 쓰지 않고 띄어 썼다. ⋯▶ 본 용언 <생기지>에 보조사 <도>가 붙은 다음 보조 용언 <않고>가 이어졌다. 이렇듯 본 용언에 보조사가 붙을 경우는 본 용언과 보조 용언은 반드시 띄어 써야 한다.

15. 연습문제 풀이

여러분이 실제로 그런 운명에 처해진다면 여러분의 눈은 이전엔 결코 본 적이 없는 것들을 보게 될 것이며, 다가올 기나긴 밤을 위해 그 기억들을 저장할 것입니다. 그리고 자신의 눈을 이전과는 전혀 다르게 사용할 것이며, 눈에 보이는 모든 것들이 소중하게 느껴질 겁니다. -헬렌 켈러.《사흘만 볼 수 있다면》.

ⓐ <처해진다면>은 <처해 진다면>과 같이 띄어 쓰지 않고 붙여 썼다. ⋯▶ 본 용언 <처하->는 보조적 연결 어미 <-어>와 결합하면서 <처하여>가 되고 이것이 줄어 <처해>가 될 수 있다. 본 용언 <처해>와 보조 용언 <지다>는 반드시 붙여 써야 한다.

ⓑ <본 적이>는 <본적이>와 같이 붙여 쓰지 않고 띄어 썼다. ⋯▶ <적>은 의존 명사이다. 따라서 자신을 수식해 주는 <본>과 띄어 쓰고, 주격조사 <이>와는 붙여 써야 한다.

ⓒ <보게 될>은 <보게될>과 같이 붙여 쓰지 않고 띄어 썼다. ⋯ <보게>는 본 용언, <될>은 보조 용언이다. 본 용언은 보조 용언과 띄어 써야 하나 붙여 써도 무방하다. 하지만 여기서는 원칙대로 띄어 썼다.

ⓓ <다가올>은 <다가 올>과 같이 띄어 쓰지 않고 붙여 썼다. ⋯ <용언 어간+'-아/-어'+용언 어간> 구조의 합성어이므로 당연히 붙여 써야 옳다. 참고로 처음의 용언 어간은 <다그->인데, <다그다>는 '가까이 옮긴다'는 뜻이다.

16. 연습문제 풀이

담장이 존재하는 것 자체가 폐쇄적이라고 섣불리 비판하는 사람들이 있지만 담장이 이루어주는 희한한 안도감과 아늑한 분위기는 또 달리 맛볼 수 없는 한국 정서의 하나임이 분명하다. 그다지 높을 것도 없고 그다지 얕지도 않은 한국 궁전이나 민가의 담장들에 들어 있는 마음이 숨막히게 높거나 답답한 공간을 에워싼 중국의 담장들과는 근본적으로 다르다는 것은 마치 그 속에 살고 있는 한국 사람들의 성정과 중국 사람들의 성정이 다른 것 이상으로 거리가 있다고 생각한다. - 최순우,《무량수전 배흘림기둥에 기대서서》.

ⓐ <존재하는>은 <존재 하는>과 같이 띄어 쓰지 않고 붙여 썼다. ⋯ 동사 파생 접미사 <-하->가 들어 있는 접미사이기 때문에 당연히 붙여 쓴다.
ⓑ <폐쇄적이라고>는 <폐쇄적 이라고>와 같이 띄어 쓰지 않고 붙여 썼

다. ⋯ <폐쇄적>에는 명사 형성 접미사 <-적>이 들어 있다. 따라서 당연히 <폐쇄 적>과 같이 띄어 쓰지 말고 <폐쇄적>과 같이 붙여 써야 한다. 한편 <폐쇄적>은 명사이므로 서술격 조사 <이라고>와 붙여 써야 한다.

ⓒ <비판하는>은 <비판 하는>과 같이 띄어 쓰지 않고 붙여 썼다. ⋯ 동사 형성 접미사 <-하->가 들어 있는 파생 동사이므로 붙여 써야 옳다.

ⓓ <사람들>은 <사람 들>과 같이 띄어 쓰지 않고 붙여 썼다. ⋯ 명사 형성 접미사 <-들>이 들어 있는 파생 명사이기 때문에 붙여 써야 옳다. 그런데 <들>은 의존 명사일 수도 있고, 보조사일 수도 있다. 접미사일 때와 그 뜻도 비슷하다. 우선 "영희는 명품 옷, 명품 시계, 명품 악세사리 <들>을 모두 불태워 버렸다."에서 <들>은 '열거한 사물 모두를 가리키거나 그 밖에 같은 종류의 사물이 더 있음을 나타내는' 의존 명사이다. 또한 "너희는 먼저 가고<들> 있어라."에서 <들>은 '체언이나 부사, 그리고 용언의 활용형에 붙어 문장의 주어가 둘 이상임을 나타내는' 보조사이다.

ⓔ <희한한>은 <희한 한>과 같이 띄어 쓰지 않고 붙여 썼다. ⋯ 형용사 형성 접미사 <-하->가 들어 있는 파생 형용사이므로 당연히 붙여 쓴다.

ⓕ <아늑한>은 <아늑 한>과 같이 띄어 쓰지 않고 붙여 썼다. ⋯ 형용사 형성 접미사 <-하->가 들어 있는 파생 형용사이므로 당연히 붙여 쓴다.

ⓖ <달리>는 <달 리>와 같이 띄어 쓰지 않고 붙여 썼다. ⋯ <달리>에는 부사 형성 접미사 <-이>가 들어 있다. <다르다>는 '르'불규칙 형용사이다. 따라서 모음으로 시작하는 접미사 <-이>를 만나(마치 어미를 만나듯) 어간인 <다르->의 <ㅡ>가 탈락하고 <ㄹ>이 생겨난 <달ㄹ>로 변한 것이다. 결국 부사 <달리>는 <달ㄹ>과 접미사 <-이>가 결합된 것이다.

ⓗ <분명하다>는 <분명 하다>와 같이 띄어 쓰지 않고 붙여 썼다. ⋯ 형

용사 형성 접미사 <-하->가 들어 있는 파생 형용사이므로 당연히 붙여 써야 한다.

ⓘ <담장들>은 <담장 들>과 같이 띄어 쓰지 않고 붙여 썼다. ⋯▶ 명사 형성 접미사 <-들>이 들어 있는 파생 명사이다. 당연히 붙여 써야 한다.

ⓙ <숨막히게>는 <숨막 히게>와 같이 띄어 쓰지 않고 붙여 썼다. ⋯▶ <숨막히게>에는 피동사 형성 접미사 <-히->가 들어 있다. 당연히 붙여 써야 한다.

ⓚ <답답한>은 <답답 한>과 같이 띄어 쓰지 않고 붙여 썼다. ⋯▶ 형용사 형성 접미사 <-하->가 들어 있는 파생 형용사이다. 따라서 붙여 쓰는 것이 옳다.

ⓛ <근본적>은 <근본 적>과 같이 띄어 쓰지 않고 붙여 썼다. ⋯▶ <근본적>은 명사 형성 접미사 <-적>이 들어 있는 파생 명사이다. 당연히 붙여 써야 옳다.

ⓜ <생각한다>는 <생각 한다>와 같이 띄어 쓰지 않고 붙여 썼다. ⋯▶ 동사 형성 접미사 <-하->가 들어 있는 파생 동사이다. 당연히 붙여 써야 옳다.

17. 연습문제 풀이

그는 자신이 이제 회복 불능일 정도로 두드려 맞았다는 것을 알았다. 그는 고물로 돌아갔다. 깨진 키 손잡이가 키의 구멍에 그런 대로 들어맞아 배를 조종할 수가 있었다. 그는 포대를 양어깨에 두르고 항로를 바로잡았다. 배는 이제 가볍게 나아갔고 그는 아무런 생각도 느낌도 없었다. 그는 이제 모든 것을 다 치렀고 항로를 바로잡아 가능한 한 빠르고 현명하게 고향 마을의 항구로 돌아가려 애썼다. - 헤밍웨이,《노인과 바다》.

ⓐ <돌아갔다>는 <돌아 갔다>와 같이 띄어 쓰지 않고 붙여 썼다. … <용언 어간+'-아/-어'+용언 어간>의 구조를 가진 합성 동사이다. 당연히 붙여 써야 옳다. 위의 인용문에서 <돌아가다>는 '이전에 있던 곳으로 다시 가다'의 뜻을 가지고 있어 두 어근의 뜻을 제법 온전히 보존하고 있다. 하지만 <돌아가다>는 그렇지 않은 뜻을 가질 때도 있다. 예를 들어, "우리의 노력은 수포로 <돌아갔다>."에서 <돌아가다>는 '끝난 상태가 되다'의 추상적인 뜻을 가진다. 이때 <돌다>나 <가다>의 원래 의미는 사라진다. 따라서 이렇듯 원래 어근의 뜻을 상실하고, 추상적인 뜻을 가질 수도 있는 <돌아가다>는 합성 동사일 가능성이 높았다. 그리고 그 가능성은 현실화됐다.

ⓑ <손잡이>는 <손 잡이>처럼 띄어 쓰지 않고 붙여 썼다. … <명사+용언 어간+접미사>의 구조를 가진 합성 명사이다. 당연히 붙여 써야 한다. 그런데 <손잡이>에는 명사 파생 접미사 '이'도 들어 있다. 따라서 <손잡이>는 파생법과 합성법이 모두 이용되어 만들어진 복합어이다.

ⓒ <들어맞아>는 <들어 맞아>와 같이 띄어 쓰지 않고 붙여 썼다. … <용언 어간+'-아/-어'+용언 어간>의 구조를 가진 합성 동사이다. 당연히 붙여 써야 한다. 위의 인용문에서 <들어맞다>는 '빈틈이 없이 꽉 차게 끼이다'의 뜻을 가지지만, 그렇지 않은 경우도 있다. 예를 들어, "내 예상이 <들어맞았다>."에서처럼 '예견이 정확하게 실현되다'의 뜻도 가진다. 이쯤 되면 두 어근의 본래의 뜻에서 상당히 멀어진 것이다. 따라서 <들어맞다>가 합성 동사일 가능성이 높았다. 그리고 그 가능성은 현실화됐다.

ⓓ <양(兩)어깨>는 <양 어깨>와 같이 띄어 쓰지 않고 붙여 썼다. ⋯ <관형사+명사>의 구조를 가진 합성 명사이다. 당연히 붙여 써야 한다.

ⓔ <바로잡았다>는 <바로 잡았다>와 같이 띄어 쓰지 않고 붙여 썼다. ⋯ <부사+용언 어간>의 구조를 가진 합성 동사이다. 당연히 붙여 써야 한다. 위의 인용문에서 <바로잡다>는 '올바르게 고쳐서 제대로 되게 하다'의 뜻을 가진다. 원래 어근의 뜻을 비교적 온전히 가지고 있는 것이다. 하지만 그렇지 않은 경우도 있다. 예를 들어, "비록 위기 상황에 놓였지만 투수는 초조한 마음을 <바로잡았다>."에서처럼 <바로잡다>는 '정신 상태를 가다듬다'의 뜻도 가진다. 이쯤 되면 두 어근의 본래의 뜻에서 상당히 멀어진 것이다. 따라서 <바로잡다>가 합성 동사일 가능성이 높았다. 그리고 그 가능성은 현실화됐다.

ⓕ <나아갔고>는 <나아 갔고>와 같이 띄어 쓰지 않고 붙여 썼다. ⋯ <용언 어간+'-아/-어'+용언 어간>의 구조를 가진 합성 동사이다. 당연히 붙여 써야 옳다. 위의 인용문에서 <나아가다>는 '향하여 움직이다'의 뜻을 가진다. 원래 어근의 뜻을 비교적 온전히 가지고 있는 것이다. 하지만 그렇지 않은 경우도 있다. 예를 들어, "이제 환경 문제는 한 나라의 혹은 인류의 문제에 그치지 않고 더 <나아가> 지구촌의 전체의 그리고 모든 생물들의 문제가 되었다."에서처럼 <나아가다>는 '문제가 되는 영역의 확대·심화'의 뜻도 가진다. 이쯤 되면 두 어근의 본래의 뜻에서 상당히 멀어진 것이다. 따라서 <나아가다>가 합성 동사일 가능성이 높았다. 그리고 그 가능성은 현실화됐다.

부록2

한글 맞춤법

문교부 고시 제 88-1호:1988.1

제1장 총칙

제1항 한글 맞춤법은 표준어를 소리대로 적되, 어법에 맞도록 함을 원칙으로 한다.
제2항 문장의 각 단어는 띄어 씀을 원칙으로 한다.
제3항 외래어는 '외래어 표기법'에 따라 적는다.

제2장 자모

제4항 한글 자모의 수는 스물넉 자로 하고, 그 순서와 이름은 다음과 같이 정한다.

ㄱ(기역)	ㄴ(니은)	ㄷ(디귿)	ㄹ(리을)	ㅁ(미음)
ㅂ(비읍)	ㅅ(시옷)	ㅇ(이응)	ㅈ(지읒)	ㅊ(치읓)
ㅋ(키읔)	ㅌ(티읕)	ㅍ(피읖)	ㅎ(히읗)	ㅏ(아)
ㅑ(야)	ㅓ(어)	ㅕ(여)	ㅗ(오)	ㅛ(요)
ㅜ(우)	ㅠ(유)	ㅡ(으)	ㅣ(이)	

[붙임 1] 위의 자모로써 적을 수 없는 소리는 두 개 이상의 자모를 어울러서 적되, 그 순서와 이름은 다음과 같이 정한다.

ㄲ(쌍기역)	ㄸ(쌍디귿)	ㅃ(쌍비읍)	ㅆ(쌍시옷)	ㅉ(쌍지읒)
ㅐ(애)	ㅒ(얘)	ㅔ(에)	ㅖ(예)	ㅘ(와)
ㅙ(왜)	ㅚ(외)	ㅝ(워)	ㅞ(웨)	ㅟ(위)
ㅢ(의)				

[붙임 2] 사전에 올릴 적의 자모 순서는 다음과 같이 정한다.

자음 ㄱ ㄲ ㄴ ㄷ ㄸ ㄹ ㅁ ㅂ ㅃ ㅅ ㅆ ㅇ ㅈ ㅉ ㅊ ㅋ ㅌ ㅍ ㅎ

모음 ㅏ ㅐ ㅑ ㅒ ㅓ ㅔ ㅕ ㅖ ㅗ ㅘ ㅙ ㅚ ㅛ ㅜ ㅝ ㅞ ㅟ ㅠ ㅡ ㅢ ㅣ

제 3 장 소리에 관한 것

제 1 절 된소리

제 5 항 한 단어 안에서 뚜렷한 까닭 없이 나는 된소리는 다음 음절의 첫소리를 된소리로 적는다.

1. 두 모음 사이에서 나는 된소리

소쩍새	어깨	오빠	으뜸	아끼다
기쁘다	깨끗하다	어떠하다	해쓱하다	거꾸로
부썩	어찌	이따금

2. 'ㄴ, ㄹ, ㅁ, ㅇ' 받침 뒤에서 나는 된소리

산뜻하다 잔뜩 살짝 훨씬 담뿍 움찔 몽땅 엉뚱하다

다만, 'ㄱ, ㅂ' 받침 뒤에서 나는 된소리는, 같은 음절이나 비슷한 음절이 겹쳐 나는 경우가 아니면 된소리로 적지 아니한다.

국수 깍두기 딱지 색시 싹둑(~싹둑) 법석 갑자기 몹시

제 2 절 구개음화

제 6 항 'ㄷ, ㅌ' 받침 뒤에 종속적 관계를 가진 '-이(-)'나 '-히-'가 올 적에는 그 'ㄷ, ㅌ'이 'ㅈ, ㅊ'으로 소리나더라도 'ㄷ, ㅌ'으로 적는다(ㄱ을 취하고, ㄴ을 버림)

ㄱ	ㄴ	ㄱ	ㄴ
맏이	마지	핥이다	할치다
해돋이	해도지	걷히다	거치다
굳이	구지	닫히다	다치다
같이	가치	묻히다	무치다
끝이	끄치		

제 3 절 'ㄷ' 소리 받침

제 7 항 'ㄷ' 소리로 나는 받침 중에서 'ㄷ'으로 적을 근거가 없는 것은 'ㅅ'으로 적는다.

덧저고리	돗자리	엇셈	웃어른	핫옷
무릇사뭇	얼핏	자칫하면	뭇[衆]	옛
첫	헛			

제 4 절 모 음

제 8 항 '계, 례, 몌, 폐, 혜'의 'ㅖ'는 'ㅔ'로 소리나는 경우가 있더라도 'ㅖ'

로 적는다(ㄱ을 취하고, ㄴ을 버림).

ㄱ	ㄴ	ㄱ	ㄴ
계수(桂樹)	게수	혜택(惠澤)	헤택
사례(謝禮)	사레	계집	게집
연몌(連袂)	연메	핑계	핑게
폐품(廢品)	페품	계시다	게시다

다만, 다음 말은 본음대로 적는다.

계송(偈頌)   게시판(揭示板)   휴게실(休憩室)

제 9 항 '의'나, 자음을 첫소리로 가지고 있는 음절의 '늬'는 'ㅣ'로 소리나는 경우가 있더라도 '늬'로 적는다(ㄱ을 취하고 ㄴ을 버림).

ㄱ	ㄴ	ㄱ	ㄴ
의의(意義)	의이	늴큼	닁큼
본의(本義)	본이	띄어쓰기	띠어쓰기
무늬[紋]	무니	씌어	씨어
보늬	보니	틔어	씨어
오늬	오니	희망(希望)	히망
하늬바람	하니바람	희다	히다
늴리리	닐리리	유희(遊戱)	유히

제 5 절 두음 법칙

제10항 한자음 '녀, 뇨, 뉴, 니'가 단어 첫머리에 올 적에는 두음 법칙에 따라 '여, 요, 유, 이'로 적는다(ㄱ을 취하고 ㄴ을 버림).

ㄱ	ㄴ	ㄱ	ㄴ
여자(女子)	녀자	유대(紐帶)	뉴대
연세(年歲)	년세	이토(泥土)	니토
요소(尿素)	뇨소	익명(匿名)	닉명

다만, 다음과 같은 의존 명사에서는 '냐, 녀' 음을 인정한다.

    냥(兩)   냥쭝(兩-)   년(年)(몇 년)

[붙임 1] 단어의 첫머리 이외의 경우에는 본음대로 적는다.

    남녀(男女)   당뇨(糖尿)   결뉴(結紐)   은닉(隱匿)

[붙임 2] 접두사처럼 쓰이는 한자가 붙어서 된 말이나 합성어에서, 뒷말의 첫소리가 'ㄴ'소리로 나더라도 두음 법칙에 따라 적는다.

    신여성(新女性)   공염불(空念佛)   남존여비(男尊女卑)

[붙임 3] 둘 이상의 단어로 이루어진 고유 명사를 붙여 쓰는 경우에도 붙임 2에 준하여 적는다.

    한국여자대학   대한요소비료회사

제11항 한자음 '랴, 려, 례, 료, 류, 리'가 단어의 첫머리에 올 적에는 두음 법칙에 따라 '야, 여, 예, 요, 유, 이'로 적는다(ㄱ을 취하고 ㄴ을 버림).

ㄱ	ㄴ	ㄱ	ㄴ
양심(良心)	량심	용궁(龍宮)	룡궁
역사(歷史)	력사	유행(流行)	류행
예의(禮儀)	례의	이발(理髮)	리발

다만, 다음과 같은 의존 명사는 본음대로 적는다.
    리(里) : 몇 리냐?
    리(理) : 그럴 리가 없다.

[붙임 1] 단어의 첫머리 이외의 경우에는 본음대로 적는다.
    개량(改良)   선량(善良)   수력(水力)   협력(協力)
    사례(謝禮)   혼례(婚禮)   와룡(臥龍)   쌍룡(雙龍)
    하류(下流)   급류(急流)   도리(道理)   진리(眞理)

다만, 모음이나 'ㄴ' 받침 뒤에 이어지는 '렬', '률'은 '열', '율'로 적는다(ㄱ을 취하고 ㄴ을 버림).

ㄱ	ㄴ	ㄱ	ㄴ
나열(羅列)	나렬	분열(分裂)	분렬
치열(齒列)	치렬	선열(先烈)	선렬
비열(卑劣)	비렬	진열(陳列)	진렬
규율(規律)	규률	선율(旋律)	선률
비율(比率)	비률	전율(戰慄)	전률
실패율(失敗率)	실패률	백분율(百分率)	백분률

[붙임 2] 외자로 된 이름을 성에 붙여 쓸 경우에도 본음대로 적을 수 있다.

신립(申砬)   최린(崔麟)   채륜(蔡倫)   하륜(河崙)

[붙임 3] 준말에서 본음으로 소리나는 것은 본음대로 적는다.

국련(국제연합)   대한교련(대한교육연합회)

[붙임 4] 접두사처럼 쓰이한 한자가 붙어서 된 말이나 합성어에서 뒷말의 첫소리가 'ㄴ' 또는 'ㄹ' 소리가 나더라도 두음 법칙에 따라 적는다.

역이용(逆利用)   연이율(年利率)   열역학(熱力學)   해외여행(海外旅行)

[붙임 5] 둘 이상의 단어로 이루어진 고유 명사를 붙여 쓰는 경우나 십진법에 따라 쓰는 수(數)도 붙임 4에 준하여 적는다.

서울여관   신흥이발관   육천육백육십육(六千六百六十六)

제12항 한자음 '라, 래, 로, 뢰, 루, 르'가 단어의 첫머리에 올 적에는 두음법칙에 따라 '나, 내, 노, 뇌, 누, 느'로 적는다(ㄱ을 취하고 ㄴ을 버림).

ㄱ	ㄴ	ㄱ	ㄴ
낙원(樂園)	락원	뇌성(雷聲)	뢰성
내일(來日)	래일	누각(樓閣)	루각
노인(老人)	로인	능묘(陵墓)	릉묘

[붙임 1] 단어의 첫머리 이외의 경우는 본음대로 적는다.

　　　　　쾌락(快樂)　　극락(極樂)　　거래(去來)　　왕래(往來)

　　　　　부로(父老)　　연로(年老)　　지뢰(地雷)　　낙뢰(落雷)

　　　　　고루(高樓)　　광한루(廣寒樓)　　동구릉(東九陵)　　가정란(家庭欄)

[붙임 2] 접두사처럼 쓰이는 한자가 붙어서 된 단어는 뒷말을 두음 법칙에 따라 적는다.

　　내내월(來來月)　　상노인(上老人)　　중노동(重勞動)　　비논리적(非論理的)

제 6 절　겹쳐 나는 소리

제13항 한 단어 안에서 같은 음절이나 비슷한 음절이 겹쳐 나는 부분은 같은 글자로 적는다(ㄱ을 취하고 ㄴ을 버림).

ㄱ	ㄴ	ㄱ	ㄴ
딱딱	딱닥	꼿꼿하다	꼿곳하다
쌕쌕	쌕색	놀놀하다	놀롤하다
씩씩	씩식	눅눅하다	눙눅하다
똑딱똑딱	똑닥똑닥	밋밋하다	민밋하다
쓱싹쓱싹	쓱삭쓱삭	싹싹하다	싹삭하다
연연불망(戀戀不忘)	연련불망	쌉쌀하다	쌉살하다
유유상종(類類相從)	유류상종	씁쓸하다	씁슬하다
누누이(屢屢-)	누루이	짭짤하다	짭잘하다

제 4 장 형태에 관한 것

제 1 절 체언과 조사

제14항 체언은 조사와 구별하여 적는다.

떡이	떡을	떡에	떡도	떡만
손이	손을	손에	손도	손만
팔이	팔을	팔에	팔도	팔만
밤이	밤을	밤에	밤도	밤만
집이	집을	집에	집도	집만
옷이	옷을	옷에	옷도	옷만
콩이	콩을	콩에	콩도	콩만
낮이	낮을	낮에	낮도	낮만
꽃이	꽃을	꽃에	꽃도	꽃만
밭이	밭을	밭에	밭도	밭만
앞이	앞을	앞에	앞도	앞만
밖이	밖을	밖에	밖도	밖만
넋이	넋을	넋에	넋도	넋만
흙이	흙을	흙에	흙도	흙만
삶이	삶을	삶에	삶도	삶만
여덟이	여덟을	여덟에	여덟도	여덟만
곬이	곬을	곬에	곬도	곬만
값이	값을	값에	값도	값만

제 2 절 어간과 어미

제15항 용언의 어간과 어미는 구별하여 적는다.

먹다	먹고	먹어	먹으니
신다	신고	신어	신으니
믿다	믿고	믿어	믿으니
울다	울고	울어	(우니)
넘다	넘고	넘어	넘으니
입다	입고	입어	입으니
웃다	웃고	웃어	웃으니
찾다	찾고	찾아	찾으니
좇다	좇고	좇아	좇으니
같다	같고	같아	같으니
높다	높고	높아	높으니
좋다	좋고	좋아	좋으니
깎다	깎곳	깎아	깎으니
앉다	앉고	앉아	앉으니
많다	많고	많아	많으니
늙다	늙고	늙어	늙으니
젊다	젊고	젊어	젊으니
넓다	넓고	넓어	넓으니
훑다	훑고	훑어	훑으니
읊다	읊고	읊어	읊으니

옳다	옳고	옳아	옳으니
없다	없고	없어	없으니
있다	있고	있어	있으니

[붙임 1] 두 개의 용언이 어울려 한 개의 용어이 될 적에, 앞말의 본뜻이 유지되고 있는 것은 그 원형을 밝히어 적고, 그 본뜻에서 멀어진 것은 밝히어 적지 아니한다.

(1) 앞말의 본뜻이 유지되고 있는 것

      넘어지다   늘어나다   늘어지다   돌아가다   되짚어가다
      들어가다   떨어지다   벌어지다   엎어지다   접어들다
      틀어지다   흩어지다

(2) 본뜻에서 멀어진 것

      드러나다   사라지다   쓰러지다

[붙임 2] 종결형에서 사용되는 어미 '-오'는 '요'로 소리나는 경우가 있더라도 그 원형을 밝혀 '오'로 적는다(ㄱ을 취하고 ㄴ을 버림).

ㄱ	ㄴ
이것은 책이오.	이것은 책이요.
이리로 오시오.	이리로 오시요.
이것은 책이 아니오.	이것은 책이 아니요.

[붙임 3] 연결형에서 사용되는 '이요'는 '이요'로 적는다(ㄱ을 취하고 ㄴ을 버림).

ㄱ	ㄴ
이것은 책이요, 저것은 붓이요, 또 저것은 먹이다.	이것은 책이오, 저것은 붓이오, 또 저것은 먹이다.

제16항 어간의 끝음절 모음이 'ㅏ, ㅗ'일 때에는 어미를 '-아'로 적고, 그 밖의 모음일 때에는 '-어'로 적는다.

1. '-아'로 적는 경우

나아	나아도	나아서
막아	막아도	막아서
얇아	얇아도	얇아서
돌아	돌아도	돌아서
보아	보아도	보아서

2. '-어'로 적는 경우

개어	개어도	개어서
겪어	겪어도	겪어서
되어	되어도	되어서
베어	베어도	베어서
쉬어	쉬어도	쉬어서
저어	저어도	저어서

주어	주어도	주어서
피어	피어도	피어서
희어	희어도	희어서

제17항 어미 뒤에 덧붙는 조사 '-요'는 '-요'로 적는다.

읽어	읽어요
참으리	참으리요
좋지	좋지요

제18항 다음과 같은 용언들은 어미가 바뀔 경우, 그 어간이나 어미가 원칙에 벗어나면 벗어나는 대로 적는다.

1. 어간의 끝 'ㄹ'이 줄어질 적

갈다:	가니	간	갑니다	가시다	가오
놀다:	노니	논	놉니다	노시다	노오
불다:	부니	분	붑니다	부시다	부오
둥글다:	둥그니	둥근	둥급니다	둥그시다	둥그오
어질다:	어지니	어진	어집니다	어지시다	어지오

[붙임] 다음과 같은 말에서도 'ㄹ'이 준 대로 적는다.

마지못하다	마지않다	(하)다마다	(하)자마자
(하)지 마라	(하)지 마(아)		

2. 어간의 끝 'ㅅ'이 줄어질 적

긋다:	그어	그으니	그었다
낫다:	나아	나으니	나았다
잇다:	이어	이으니	이었다
짓다:	지어	지으니	지었다

3. 어간의 끝 'ㅎ'이 줄어질 적

그렇다:	그러니	그럴	그러면	그럽니다	그러오
까맣다:	까맣다	까말	까마면 까	맙니다	까마오
동그랗다:	동그랄	동그라면	동그랍니다	동그랍니다	동그라오
퍼렇다:	퍼러니	퍼럴	퍼러면	퍼럽니다	퍼러오
하얗다:	하야니	하얄	하야면	하얍니다	하야오

4. 어간의 끝 'ㅜ, ㅡ'가 줄어질 적

푸다:	퍼	펐다
끄다:	꺼	껐다
담그다:	담가	담갔다
따르다:	따라	따랐다
뜨다:	떠	떴다
크다:	커	컸다
고프다:	고파	고팠다
바쁘다:	바빠	바빴다

5. 어간의 끝 'ㄷ'이 'ㄹ'로 바뀔 적

걷다[步]:	걸어	걸으니	걸었다
듣다[聽]:	들어	들으니	들었다
묻다[問]:	물어	물으니	물었다
싣다[載]:	실어	실으니	실었다

6. 어간의 끝 'ㅂ'이 'ㅜ'로 바뀔 적

깁다:	기워	기우니	기웠다
굽다[炙]:	구워	구우니	구웠다
괴롭다:	괴로워	괴로우니	괴로웠다
맵다:	매워	매우니	매웠다
무겁다:	무거워	무거우니	무거웠다
밉다:	미워	미우니	미웠다
쉽다:	쉬워	쉬우니	쉬웠다

다만, '돕-, 곱-'과 같은 단음절 어간에 어미 '-아'가 결합되어 '와'로 소리 나는 것은 '-와'로 적는다.

돕다[助]:	도와	도와서	도와도	도왔다
곱다[麗]:	고와	고와서	고와도	고왔다

7. '하다'의 어미 활용에서 어미 '-아'가 '-여'로 바뀔 적

하다:	하여	하여서	하여도	하여라	하였다

8. 어간의 끝음절 '르' 뒤에 오는 어미 '-어'가 '-러'로 바뀔 적

이르다[至]:	이르러	이르렀다
노르다:	노르러	노르렀다
누르다:	누르러	누르렀다
푸르다:	푸르러	푸르렀다

9. 어간의 끝음절 '르'의 'ㅡ'가 줄고, 그 위에 오는 어미 '-아/-어'가 '-라/-러'로 바뀔 적

가르다:	갈라	갈랐다
거르다:	걸러	걸렀다
구르다:	굴러	굴렀다
벼르다:	별러	별렀다
부르다:	불러	불렀다
오르다:	올라	올랐다
이르다:	일러	일렀다
지르다:	질러	질렀다

제 3 절 접미사가 붙어서 된 말

제19항 어간에 '-이'나 '-음/-ㅁ'이 붙어서 명사로 된 것과 '-이'나 '-히'가 붙어서 부사로 된 것은 그 어간의 원형을 밝히어 적는다.

1. '-이'가 붙어서 명사로 된 것

길이	깊이	높이	다듬이	땀받이	달맞이
먹이	미닫이	벌이	벼훑이	살림살이	쇠붙이

2. '-음/-ㅁ'이 붙어서 명사로 된 것

걸음   묶음   믿음   얼음   엮음   울음   웃음   졸음
죽음   앎   만듦

3. '-이'가 붙어서 부사로 된 것

같이   굳이   길이   높이   많이   실없이   좋이   짓궂이

4. '-히'가 붙어서 부사로 된 것

밝히   익히   작히

다만, 어간에 '-이'나 '-음'이 붙어서 명사로 바뀐 것이라도 그 어간의 뜻과 멀어진 것은 그 원형을 밝히어 적지 아니한다.

굽도리   다리[髢]   목거리(목병)   무녀리
코끼리   거름[비료]   고름[膿]   노름(도박)

[붙임] 어간에 '-이'나 '-음' 이외의 모음으로 시작된 접미사가 붙어서 다른 품사로 바뀐 것은 그 어간의 원형을 밝히어 적지 아니한다.

(1) 명사로 바뀐 것

귀머거리   까마귀   너머   뜨더귀   마감   마개
마중   무덤   비렁뱅이   쓰레기   올가미   주검

(2) 부사로 바뀐 것

거뭇거뭇　너무　　도로　　뜨덤뜨덤　바투
불긋불긋　비로소　오긋오긋　자주　　차마

(3) 조사로 바뀌어 뜻이 달라진 것

나마　　부터　　조차

제20항 명사 뒤에 '-이'가 붙어서 된 말은 그 명사의 원형을 밝히어 적는다.

1. 부사로 된 것

곳곳이　낱낱이　몫몫이　샅샅이　앞앞이　집집이

2. 명사로 된 것

곰배팔이　바둑이　삼발이　애꾸눈이　육손이　절뚝발이/절름발이

[붙임] '-이' 이외의 모음으로 시작된 접미사가 붙어서 된 말은 그 명사의 원형을 밝히어 적지 아니한다.

꼬락서니　끄트머리　모가치　바가치　바깥　사타구니
싸라기　　이파리　　지붕　　지푸라기　짜개

제21항 명사나 혹은 용언의 어간 뒤에 자음으로 시작된 접미사가 붙어서 된 말은 그 명사나 어간의 원형을 밝히어 적는다.

1. 명사 뒤에 자음으로 시작된 접미사가 붙어서 된 것

    값지다   홑지다   넋두리   빛깔   옆댕이   잎사귀

2. 어간 뒤에 자음으로 시작된 접미사가 붙어서 된 것

    낚시   늙정이   덮개   뜨게질
    갉작갉작하다   갉작거리다   뜯적거리다   뜯적뜯적하다
    굵다랗다   굵직하다   깊숙하다   넓적하다
    높다랗다   늙수그레하다   얽죽얽죽하다

다만, 다음과 같은 말은 소리대로 적는다.

(1) 겹받침의 끝소리가 드러나지 아니하는 것

    할짝거리다   널따랗다   널찍하다   말끔하다
    말쑥하다   말짱하다   실쭉하다   실큼하다
    얄따랗다   얄팍하다   짤따랗다   짤막하다 실컷

(2) 어원이 분명하지 아니하거나 본뜻에서 멀어진 것

    넙치   올무   골막하다   납작하다

제22항 용언의 어간에 다음과 같은 접미사들이 붙어서 이루어진 말들은 그 어간을 밝히어 적는다.

1. '-기-, -리-, -이-, -히-, -구-, -우-, -추-, -으키-, -이키-, -애-'가 붙는 것

    맡기다   옮기다   웃기다   쫓기다   뚫리다   울리다

    낚이다   쌓이다   핥이다   굳히다   굽히다   넓히다

    앉히다   얽히다   잡히다   돋구다   솟구다   돋우다

    갖추다   곧추다   맞추다   일으키다 돌이키다 없애다

다만, '-이-, -히-, -우-'가 붙어서 된 말이라도 본뜻에서 멀어진 것은 소리대로 적는다.

    도리다(칼로 ~)   드리다(용돈을 ~)   고치다   바치다(세금을 ~)

    부치다(편지를 ~)   거두다   미루다   이루다

2. '-치-, -뜨리-, -트리-'가 붙는 것

    놓치다   덮치다   떠받치다   받치다   밭치다   부딪치다

    뻗치다   엎치다   부딪뜨리다/부딪트리다

    쏟뜨리다/쏟트리다   젖뜨리다/젖트리다

    찢뜨리다/찢트리다   흩뜨리다/흩트리다

[붙임] '-업-, -읍-, -브-'가 붙어서 된 말은 소리대로 적는다.

    미덥다   우습다   미쁘다

제23항 '-하다'나 '-거리다'가 붙는 어근에 '-이'가 붙어서 명사가 된 것은 그 원형을 밝히어 적는다(ㄱ을 취하고 ㄴ을 버림).

ㄱ	ㄴ
깔쭉이	깔쭈기

꿀꿀이	꿀구리
눈깜짝이	눈깜짜기
더펄이	더퍼리
배불뚝이	배불뚜기
삐죽이	삐주기
살살이	살사리
쌕쌕이	쌕쌔기
오뚝이	오뚜기
코납작이	코납자기
푸석이	푸서기
홀쭉이	홀쭈기

[붙임] '-하다'나 '-거리다'가 붙을 수 없는 어근에 '-이'나 또는 다른 모음으로 시작되는 접미사가 붙어서 명사가 된 것은 그 원형을 밝히어 적지 아니한다.

개구리	귀뚜라미	기러기	깍두기	꽹과리
날라리	누더기	동그라미	두드러기	딱따구리
매미	부스러기	뻐꾸기	얼루기 칼	싹두기

제24항 '-거리다'가 붙을 수 있는 시늉말 어근에 '-이다'가 붙어서 된 용언은 그 어근을 밝히어 적는다(ㄱ을 취하고 ㄴ을 버림).

ㄱ	ㄴ
깜짝이다	깜짜기다
꾸벅이다	꾸버기다
끄덕이다	끄더기다

뒤척이다	뒤처기다
들먹이다	들머기다
망설이다	망서리다
번득이다	번드기다
번쩍이다	번쩌기다
속삭이다	속사기다
숙덕이다	숙더기다
울먹이다	울머기다
움직이다	움지기다
지껄이다	지꺼리다
퍼덕이다	퍼더기다
허덕이다	허더기다
헐떡이다	헐떠기다

제25항 '-하다'가 붙는 어근에 '-히'나 '-이'가 붙어서 부사가 되거나, 부사에 '-이'가 붙어서 뜻을 더하는 경우에는 그 어근이나 부사의 원형을 밝히어 적는다.

1. '-하다'가 붙는 어근에 '-히'나 '-이'가 붙는 경우

급히   꾸준히   도저히   딱히   어렴풋이   깨끗이

[붙임] '-하다'가 붙지 않는 경우에는 반드시 소리대로 적는다

갑자기   반드시(꼭)   슬며시

2. 부사에 '-이'가 붙어서 역시 부사가 되는 경우
   곰곰이   더욱   생긋이   오뚝이   일찍이   해죽이

제26항 '-하다'나 '-없다'가 붙어서 된 용언은 그 '-하다'나 '없다'를 밝히어 적는다.

1. '-하다'가 붙어서 용언이 된 것
   딱하다   숱하다   착하다   텁텁하다   푹하다

2. '-없다'가 붙어서 용언이 된 것
   부질없다   상없다   시름없다   열없다   하염없다

제 4 절 합성어 및 접두사가 붙은 말

제27항 둘 이상의 단어가 어울리거나 접두사가 붙어서 이루어진 말은 각각 그 원형을 밝히어 적는다.

국말이	꺾꽂이	꽃잎	끝장	물난리
밑천	부엌일	싫증	옷안	웃옷
젖몸살	첫아들	칼날	팥알	헛웃음
홀아비	홀몸	흙내		
값없다	겉늙다	굶주리다	낮잡다	맞먹다
받내다	벋놓다	빗나가다	빛나다	새파랗다
샛노랗다	시꺼멓다	싯누렇다	엇나가다	엎누르다
엿듣다	옻오르다	짓이기다	헛되다	

[붙임 1] 어원은 분명하나 소리만 특이하게 변한 것은 변한 대로 적는다.
    할아버지   할아범

[붙임 2] 어원이 분명하지 아니한 것은 원형을 밝히어 적지 아니한다.
    골병   골탕   끌탕   며칠
    아재비   오라비   업신여기다   부리나케

[붙임 3] '이[齒, 虱]'가 합성어나 이에 준하는 말에서 '니' 또는 '리'로 소리 날 때에는 '니'로 적는다.
    간니   덧니   사랑니   송곳니   앞니   어금니
    윗니   젖니   톱니   틀니   가랑니 머릿니

제28항 끝소리가 'ㄹ'인 말과 딴 말이 어울릴 적에 'ㄹ' 소리가 나지 아니하는 것은 아니 나는 대로 적는다.
    다달이(달-달-이)   따님(딸-님)   마되(말-되)
    마소(말-소)   무자위(물-자위) 바느질(바늘-질)
    부나비(불-나비)   부삽(불-삽)   부손(불-손)
    소나무(솔-나무)   싸전(쌀-전)   여닫이(열-닫이)
    우짖다(울-짖다)   화살(활-살)

제29항 끝소리가 'ㄹ'인 말과 딴 말이 어울릴 적에 'ㄹ' 소리가 'ㄷ' 소리로 나는 것은 'ㄷ'으로 적는다.
    반짇고리(바느질~)   사흗날(사흘~)   삼짇날(삼질~)
    섣달(설~)   숟가락(술~)   이튿날(이틀~)

잔주름(잘~)   푿소(풀~)   섣부르다(설~)
잗다듬다(잘~)   잗다랗다(잘~)

제30항 사이시옷은 다음과 같은 경우에 받치어 적는다.

1. 순 우리말로 된 합성어로서 앞말이 모음으로 끝난 경우

(1) 뒷말의 첫소리가 된소리로 나는 것

고랫재	귓밥	나룻배	나뭇가지	냇가	댓가지
뒷갈망	맷돌	머릿기름	모깃불	못자리	바닷가
뱃길	볏가리	부싯돌	선짓국	쇳조각	아랫집
우렁잇속	잇자국	잿더미	조갯살	찻집	쳇바퀴
킷값	핏대	햇볕	혓바늘		

(2) 뒷말의 첫소리 'ㄴ, ㅁ' 앞에서 'ㄴ' 소리가 덧나는 것

| 멧나물 | 아랫니 | 텃마당 | 아랫마을 | 뒷머리 |
| 몸 | 깻묵 | 냇물 | 빗물 | |

(3) 뒷말의 첫소리 모음 앞에서 'ㄴㄴ'소리가 덧나는 것

| 도래깻열 | 뒷윷 | 두렛일 | 뒷일 | 뒷입맛 |
| 베갯잇 | 욧잇 | 깻잎 | 나뭇잎 | 댓잎 |

2. 순 우리말과 한자어로 된 합성어로서 앞말이 모음으로 끝난 경우

(1) 뒷말의 첫소리가 된소리로 나는 것
귓병   머릿방   뱃병   봇둑   사잣밥
샛강   아랫방   자릿세   전셋집   찻잔
찻종   촛국   콧병   탯줄   텃세
핏기   햇수   횟가루   횟배

(2) 뒷말의 첫소리 'ㄴ, ㅁ' 앞에서 'ㄴ' 소리가 덧나는 것
곗날   제삿날   훗날   툇마루   양칫물

(3) 뒷말의 첫소리 모음 앞에서 'ㄴㄴ'소리가 덧나는 것
가욋일   사삿일   예삿일   훗일

3. 두 음절로 된 다음 한자어
곳간(庫間)   셋방(貰房)   숫자(數字)   찻간(車間)
툇간(退間)   횟수(回數)

제31항 두 말이 어울릴 적에 'ㅂ' 소리나 'ㅎ' 소리가 덧나는 것은 소리대로 적는다.

1. 'ㅂ' 소리가 덧나는 것
댑싸리(대ㅂ싸리)   멥쌀(메ㅂ쌀)   볍씨(벼ㅂ씨)

입때(이ㅂ때)   입쌀(이ㅂ쌀)   접때(저ㅂ때)
좁쌀(조ㅂ쌀)   햅쌀(해ㅂ쌀)

2. 'ㅎ' 소리가 덧나는 것

머리카락(머리ㅎ가락)   살코기(살ㅎ고기)   수캐(수ㅎ개)
수컷(수ㅎ것)   수탉(수ㅎ닭)   안팎(안ㅎ밖)
암캐(암ㅎ개)   암컷(암ㅎ것)   암탉(암ㅎ닭)

제 5 절 준 말

제32항 단어의 끝모음이 줄어지고 자음만 남은 것은 그 앞의 음절에 받침으로 적는다.

(본말)	(준말)
기러기야	기럭아
어제그저께	엊그저께
어제저녁	엊저녁
온가지	온갖
가지고, 가지지	갖고, 갖지
디디고, 디디지	딛고, 딛지

제33항 체언과 조사가 어울려 줄어지는 경우에는 준 대로 적는다.

(본말)	(준말)
그것은	그건

그것이	그게
그것으로	그걸로
나는	난
나를	날
너는	넌
너를	널
무엇을	무얼/뭘
무엇이	뭣이/무에

제34항 모음 'ㅏ, ㅓ'로 끝난 어간에 '-아/-어, -았-/-었-'이 어울릴 적에는 준 대로 적는다.

ㄱ		ㄴ	
(본말)	(준말)	(본말)	(준말)
가아	가	가았다	갔다
나아	나	나았다	났다
타아	타	타았다	탔다
서어	서	서었다	섰다
켜어	켜	켜었다	켰다
펴어	펴	펴었다	폈다

[붙임 1] 'ㅐ, ㅔ' 뒤에 '-어, -었-'이 어울려 줄 적에는 준 대로 적는다.

(본말)	(준말)	(본말)	(준말)
개어	개	개었다	갰다

내어	내	내었다	냈다
베어	베	베었다	벴다
세어	세	세었다	셌다

[붙임 2] '하여'가 한 음절로 줄어서 '해'로 될 적에는 준 대로 적는다.

(본말)	(준말)	(본말)	(준말)
하여	해	하였다	했다
더하여	더해	더하였다	더했다
흔하여	흔해	흔하였다	흔했다

제35항 모음 'ㅗ, ㅜ'로 끝난 어간에 '-아/-어, -았-/-었-'이 어울려 'ㅘ/ㅝ, 왔/웠'으로 될 때에는 준 대로 적는다.

(본말)	(준말)	(본말)	(준말)
꼬아	꽈	꼬았다	꽜다
보아	봐	보았다	봤다
쏘아	쏴	쏘았다	쐈다
두어	둬	두었다	뒀다
쑤어	쒀	쑤었다	쒔다
주어	줘	주었다	줬다

[붙임 1] '놓아'가 '놔'로 줄 적에는 준 대로 적는다.

[붙임 2] 'ㅚ' 뒤에 '-어, -었-'이 어울려 'ㅙ, 왰'으로 될 적에도 준 대로 적는다.

(본말)	(준말)	(본말)	(준말)
괴어	괘	괴었다	괬다
되어	돼	되었다	됐다
뵈어	봬	뵈었다	뵀다
쇠어	쇄	쇠었다	쇘다
쐬어	쐐	쐬었다	쐤다

제36항 'ㅣ' 뒤에 '-어'가 와서 'ㅕ'로 줄 적에는 준 대로 적는다.

(본말)	(준말)	(본말)	(준말)
가지어	가져	가지었다	가졌다
견디어	견뎌	견디었다	견뎠다
다니어	다녀	다니었다	다녔다
막히어	막혀	막히었다	막혔다
버티어	버텨	버티었다	버텼다
치이어	치여	치이었다	치였다

제37항 'ㅏ, ㅕ, ㅗ, ㅜ, ㅡ'로 끝난 어간에 '-이-'가 와서 각각 'ㅐ, ㅖ, ㅚ, ㅟ, ㅢ'로 줄 적에는 준 대로 적는다.

(본말)	(준말)
싸이다	쌔다
펴이다	폐다
보이다	뵈다
누이다	뉘다

　　　　　　뜨이다　　　　　　　　　　띄다
　　　　　　쓰이다　　　　　　　　　　씌다

제38항 'ㅏ, ㅗ, ㅜ, ㅡ' 뒤에 '-이어'가 어울려 줄어질 적에는 준 대로 적는다.

　　　　　(본말)　　　　　　　　　　(준말)
　　　　　싸이어　　　　　　　　　　쌔여　싸여
　　　　　보이어　　　　　　　　　　뵈어　보여
　　　　　쏘이어　　　　　　　　　　쐬어　쏘여
　　　　　누이어　　　　　　　　　　뉘어　누여
　　　　　뜨이어　　　　　　　　　　띄어
　　　　　쓰이어　　　　　　　　　　씌어　쓰여
　　　　　트이어　　　　　　　　　　틔어　트여

제39항 이미 '-지' 뒤에 '않-'이 어울려 '-잖-'이 될 적과 '-하지' 뒤에 '않-'이 어울려 '찮-'이 될 적에는 준 대로 적는다.

　　　　　(본말)　　　　　　　　　　(준말)
　　　　　그렇지 않은　　　　　　　　그렇잖은
　　　　　적지 않은　　　　　　　　　적잖은
　　　　　만만하지 않다　　　　　　　만만찮다
　　　　　변변하지 않다　　　　　　　변변찮다

제40항 어간의 끝음절 '하'의 'ㅏ'가 줄고 'ㅎ'이 다음 음절의 첫소리와 어울려 거센소리로 될 적에는 거센소리로 적는다.

　　　　　(본말)　　　　　　　　　　(준말)

간편하게	간편케
연구하도록	연구토록
가하다	가타
다정하다	다정타
정결하다	정결타
흔하다	흔타

[붙임 1] 'ㅎ'이 어간의 끝소리로 굳어진 것은 받침으로 적는다.

않다	않고	않지	않든지
그렇다	그렇고	그렇지	그렇든지
아무렇다	아무렇고	아무렇지	아무렇든지
어떻다	어떻고	어떻지	어떻든지
이렇다	이렇고	이렇지	어렇든지
저렇다	저렇고	저렇지	저렇든지

[붙임 2] 어간의 끝음절 '하'가 아주 줄 적에는 준 대로 적는다.

(본말)	(준말)
거북하지	거북지
생각하건대	생각건대
생각하다 못해	생각다 못해
깨끗하지 않다	깨끗지 않다
넉넉하지 않다	넉넉지 않다
못하지 않다	못지않다

	섭섭하지 않다			섭섭지 않다		
	익숙하지 않다			익숙지 않다		

[붙임 3] 다음과 같은 부사는 소리대로 적는다.

결단코	결코	기필코	무심코	하여튼	요컨대
정녕코	필연코	하마터면	하여튼	한사코	

제 5 장 띄어쓰기

제 1 절 조사

제41항 조사는 그 앞말에 붙여 쓴다.

꽃이	꽃마저	꽃밖에	꽃에서부터	꽃으로만
꽃이나마	꽃이다	꽃입니다	꽃처럼	어디까지나
거기도	멀리는	웃고만		

제 2 절 의존 명사, 단위를 나타내는 명사 및 열거하는 말 등

제42항 의존 명사는 띄어 쓴다.

아는 것이 힘이다.	나도 할 수 있다.
먹을 만큼 먹어라.	아는 이를 만났다.
네가 뜻한 바를 알겠다.	그가 떠난 지가 오래다.

제43항 단위를 나타내는 명사는 띄어 쓴다.

한 개	차 한 대	금 서 돈
소 한 마리	옷 한 벌	열 살
조기 한 손	연필 한 자루	버선 한 죽
집 한 채	신 두 켤레	북어 한 쾌

다만, 순서를 나타내는 경우나 숫자와 어울리어 쓰이는 경우에는 붙여 쓸 수 있다.

두시 삼십분 오초	제일과	삼학년	육층
1446년 10월 9일	2대대	16동 502호	제 1 어학실습실
80원	10개	7미터	

제44항 수를 적을 적에는 '만(萬)' 단위로 띄어 쓴다.

십이억 삼천사백오십육만 칠천팔백구십팔

12억 3456만 7898

제45항 두 말을 이어 주거나 열거할 적에 쓰이는 다음의 말들은 띄어 쓴다.

국장 겸 과장	열 내지 스물
청군 대 백군	책상, 걸상 등이 있다.
이사장 및 이사들	사과, 배, 귤 등등
사과, 배 등속 부산, 광주 등지	

제46항 단음절로 된 단어가 연이어 나타날 적에는 붙여 쓸 수 있다.

　　　그때 그곳　　　좀더 큰것　　　이말 저말　　　한잎 두잎

제 3 절 보조 용언

제47항 보조 용언은 띄어 씀을 원칙으로 하되, 경우에 따라 붙여 씀도 허용한다 (ㄱ을 취하고 ㄴ을 버림).

ㄱ	ㄴ
불이 꺼져 간다.	불이 꺼져간다.
내 힘으로 막아 낸다.	내 힘으로 막아낸다.
어머니를 도와 드린다.	어머니를 도와드린다.
그릇을 깨뜨려 버렸다.	그릇을 깨뜨려버렸다.
비가 올 듯하다.	비가 올듯하다.
그 일은 할 만하다.	그 일은 할만하다.
일이 될 법하다.	일이 될법하다.
비가 올 성싶다.	비가 올성싶다.
잘 아는 척한다.	잘 아는척한다.

다만, 앞말에 조사가 붙거나 앞말이 합성 동사인 경우, 그리고 중간에 조사가 들어갈 적에는 그 뒤에 오는 보조 용언은 띄어 쓴다.

　　　잘도 놀아만 나는구나!　　　책을 읽어도 보고…….
　　　네가 덤벼들어 보아라.　　　강물에 떠내려가 버렸다.
　　　그가 올 듯도 하다.　　　잘난 체를 한다.

제 4 절 고유 명사 및 전문 용어

제48장 성과 이름, 성과 호 등은 붙여 쓰고, 이에 덧붙는 호칭어, 관직명 등은 띄어 쓴다.

    김양수(金良洙)   서화담(徐花潭)   채영신 씨
    최치원 선생   박동식 박사   충무공 이순신 장군

다만, 성과 이름, 성과 호를 분명히 구분할 필요가 있을 경우에는 띄어 쓸 수 있다.

    남궁억/남궁 억   독고준/독고 준   황보지봉(皇甫芝峰)/황보 지봉

제49장 성명 이외의 고유명사는 단어별로 띄어 씀을 원칙으로 하되, 단위 별로 띄어 쓸 수 있다(ㄱ을 원칙으로 하고 ㄴ을 허용함).

    ㄱ   ㄴ
    대한 중학교   대한중학교
    한국 대학교 사범 대학   한국대학교 사범대학

제50장 전문 용어는 단어별로 띄어 씀을 원칙으로 하되, 붙여 쓸 수 있다(ㄱ을 원칙으로 하고 ㄴ을 허용함).

    ㄱ   ㄴ
    만성 골수성 백혈병   만성골수성백혈병
    중거리 탄도 유도탄   중거리 탄도 유도탄

제 6 장 그 밖의 것

제51장 부사의 끝음절이 분명히 '이'로만 나는 것은 '-이'로 적고, '히'로만 나거나 '이'나 '히'로 나는 것은 '히-'로 적는다.

1. '이'로만 나는 것

가붓이	깨끗이	나붓이	느긋이	둥긋이
따뜻잇	반듯이	버젓이	산뜻이	의젓이
가까이	고이	날카로이	대수로이	번거로이
많이	적이	헛되이		
겹겹이	번번이	일일이	집집이	틈틈이

2. '히'로만 나는 것

| 극히 | 급히 | 딱히 | 속히 | 작히 | 족히 |
| 특히 | 엄격히 | 정확히 | | | |

3. '이, 히'로 나는 것

솔직히	가만히	간편히	나른히	무단히	각별히
소홀히	슬슬히	정결히	과감히	꼼꼼히	심히
열심히	급급히	답답히	섭섭히	공평히	능히
당당히	분명히	상당히	조용히	간소히	고요히
도저히					

제52항 한자어에서 본음으로도 나고 속음으로도 나는 것은 각각 그 소리에 따라 적는다.

(본음으로 나는 것)　　(속음으로 나는 것)

승낙(承諾)　　　　　수락(受諾), 쾌락(快諾), 허락(許諾)

만난(萬難)　　　　　곤란(困難), 논란(論難)

안녕(安寧)　　　　　의령(宜寧), 회령(會寧)

분노(忿怒)　　　　　대로(大怒), 희로애락(喜怒哀樂)

토론(討論)　　　　　의논(議論)

오륙십(五六十)　　　오뉴월, 유월(六月)

목재(木材)　　　　　모과(木瓜)

십일(十日)　　　　　시방정토(十方淨土), 시왕(十王), 시월(十月)

팔일(八日)　　　　　초파일(初八日)

제53항 다음과 같은 어미는 예사소리로 적는다(ㄱ을 취하고, ㄴ을 버림)

ㄱ	ㄴ
-(으)ㄹ거나	-(으)ㄹ꺼나
-(으)ㄹ걸	-(으)ㄹ껄
-(으)ㄹ게	-(으)ㄹ께
-(으)ㄹ세	-(으)ㄹ쎄
-(으)ㄹ세라	-(으)ㄹ쎄라
-(으)ㄹ수록	-(으)ㄹ쑤록
-(으)ㄹ시	-(으)ㄹ씨
-(으)ㄹ지	-(으)ㄹ찌

-(으)ㄹ지니라	-(으)ㄹ찌니라
-(으)ㄹ지라도	-(으)ㄹ찌라도
-(으)ㄹ지어다	-(으)ㄹ찌어다
-(으)ㄹ지언정	-(으)ㄹ찌언정
-(으)ㄹ진대	-(으)ㄹ찐대
-(으)ㄹ진저	-(으)ㄹ찐저
-올시다	올씨다

다만, 의문을 나타내는 다음 어미들은 된소리로 적는다.

-(으)ㄹ까?   -(으)ㄹ꼬?   -(스)ㅂ니까?

-(으)리까?   -(으)ㄹ쏘냐?

제54항 다음과 같은 접미사는 된소리로 적는다(ㄱ을 취하고 ㄴ을 버림).

ㄱ	ㄴ
심부름꾼	심부름군
익살꾼	익살군
일꾼	일군
장난꾼	장난군
지게꾼	지겟군
때깔	땟갈
빛깔	빛갈
성깔	성갈
귀때기	귓대기

볼때기	볼대기
판자때기	판잣대기
뒤꿈치	뒷굼치
팔꿈치	팔굼치
이마빼기	이맛배기
코빼기	콧배기
객쩍닷	객적다
겸연쩍다	겸연적다.

제55항 두 가지로 구별하여 적던 다음 말들은 한 가지로 적는다(ㄱ을 취하고 ㄴ을 버림).

ㄱ	ㄴ
맞추다(입을 맞춘다. 양복을 맞춘다)	마추다
뻗치다(다리를 뻗친다. 멀리 뻗친다)	뻐치다

제56항 '-더라, -던'과 '-든지'는 다음과 같이 적는다.

1. 지난 일을 나타내는 어미는 '-더라, -던'으로 적는다(ㄱ을 취하고 ㄴ을 버림).

ㄱ	ㄴ
지난 겨울은 몹시 춥더라.	지난 겨울은 몹시 춥드라.
깊던 물이 얕아졌다.	깊든 물이 얕아졌다.
그렇게 좋던가?	그렇게 좋든가?
그 사람 말 잘하던데!	그 사람 말 잘하든데!

얼마나 놀랐던지 몰라.	얼마나 놀랐든지 몰라.

2. 물건이나 일의 내용을 가리지 아니하는 뜻을 나타내는 조사와 어미는 '(-)든지'로 적는다(ㄱ을 취하고 ㄴ을 버림).

ㄱ	ㄴ
배든지 사과든지 마음대로 먹어라.	배던지 사과던지 마음대로 먹어라.
가든지 오든지 마음대로 해라.	가던지 오던지 마음대로 해라.

제57항 다음 말들은 각각 구별하여 적는다.

가름	둘로 가름
갈음	새 책상으로 갈음하였다.
거름	풀을 썩인 거름
걸음	빠른 걸음
거치다	영월을 거쳐 왔다.
걷히다	외상값이 잘 걷힌다.
걷잡다	걷잡을 수 없는 상태
그러므로(그러니까)	그는 부지런하다. 그러므로 잘 산다.
그럼으로(써)(그렇게 하는 것으로)	그는 열심히 공부한다. 그럼으로(써) 은혜에 보답한다.

노름	노름판이 벌어졌다.
놀음(놀이)	즐거운 놀음

느리다	진도가 너무 느리다.
늘이다	고무줄을 늘인다.
늘리다	수출량을 더 늘린다.

다리다	옷을 다린다.
달이다	약을 달인다.

다치다	부주의로 손을 다쳤다.
닫히다	문이 저절로 닫혔다.
닫치다	문을 힘껏 닫쳤다.

마치다	벌써 일을 마쳤다.
맞히다	여러 문제를 더 맞혔다

목거리	목거리가 덧났다.
목걸이	금 목걸이, 은 목걸이

바치다	나라를 위해 목숨을 바쳤다.
받치다	우산을 받치고 간다.

받히다	쇠뿔에 받혔다.
밭치다	술을 체에 밭친다.

반드시	약속은 반드시 지켜라.
반듯이	고개를 반듯이 들어라.

부딪치다	차와 차가 마주 부딪쳤다.
부딪히다	마차가 화물차에 부딪혔다.

부치다	힘이 부치는 일이다.
	편지를 부치다.
	논밭을 부친다.
	빈대떡을 부친다.
	식목일에 부치는 글
	회의에 부치는 안건
	인쇄에 부치는 원고
	삼촌 집에 숙식을 부친다.

붙이다	우표를 붙이다.
	책상을 벽에 붙였다.
	흥정을 붙인다.
	불을 붙인다.
	감시원을 붙인다.

	조건을 붙인다.
	취미를 붙인다.
	별명을 붙인다.

시키다	일을 시킨다.
식히다	끓인 물을 식히다.

아름	세 아름 되는 둘레
알음	전부터 알음이 있는 사이
앎	앎이 힘이다.

안치다	밥을 안친다.
앉히다	윗자리에 앉힌다.

어름	두 물건의 어름에서 일어난 현상
얼음	얼음이 얼었다.

이따가	이따가 오너라.
있다가	돈은 있다가도 없다.

저리다	다친 다리가 저린다.
절이다	김장 배추를 절인다.

조리다	생선을 조린다. 통조림, 병조림
졸이다	마음을 졸인다.
주리다	여러 날을 주렸다.
줄이다	비용을 줄인다.
하노라고	하노라고 한 것이 이 모양이다.
하느라고	공부하느라고 밤을 새웠다.
-느니보다(어미)	나를 찾아 오느니보다 집에 있거라
-는 이보다(의존 명사)	오는 이가 가는 이보다 많다.
-(으)리만큼(어미)	나를 미워하리만큼 그에게 잘못한 일이 없다.
-(으)ㄹ 이만큼(의존 명사)	찬성할 이도 반대할 이만큼이나 많을 것이다.
-(으)러(목적)	공부하러 간다.
-(으)려(의도)	서울 가려 한다.
-(으)로서(자격)	사람으로서 그럴 수는 없다.
-(으)로써(수단)	닭으로써 꿩을 대신했다.
-(으)므로(어미)	그가 나를 믿으므로 나도 그를 믿는다.
-(ㅁ, -음)으로(써)(조사)	그는 믿음으로(써) 산 보람을 느꼈다.

문장부호

문장 부호의 이름과 그 사용법은 다음과 같이 정한다.

Ⅰ. 마침표[終止符]

1. 온점(.), 고리점(。)
가로쓰기에는 온점, 세로쓰기에는 고리점을 쓴다.

(1) 서술, 명령, 청유 등을 나타내는 문장의 끝에 쓴다.
  젊은이는 나라의 기둥이다.
  황금 보기를 돌같이 하라.
  집으로 돌아가자.

다만, 표제어나 표어에는 쓰지 않는다.
  압록강은 흐른다(표제어)
  꺼진 불도 다시 보자(표어)

(2) 아라비아 숫자만으로 연월일을 표시할 적에 쓴다.
  1919. 3. 1. (1919년 3월 1일)

(3) 표시 문자 다음에 쓴다.

　1. 마침표　　　ㄱ. 물음표　　　가. 인명

(4) 준말을 나타내는 데 쓴다.

　서. 1987. 3. 5.(서기)

2. 물음표(?)

의심이나 물음을 나타낸다.

(1) 직접 질문할 때에 쓴다.

　이제 가면 언제 돌아오니?

　이름이 뭐지?

(2) 반어나 수사 의문(修辭疑問)을 나타낼 때 쓴다.

　제가 감히 거역할 리가 있습니까?

　이게 은혜에 대한 보답이냐?

　남북 통일이 되면 얼마나 좋을까?

(3) 특정한 어구 또는 그 내용에 대하여 의심이나 빈정거림, 비웃음 등을 표시할 때, 또는 적절한 말을 쓰기 어려운 경우에 소괄호 안에 쓴다.

　그것 참 훌륭한(?) 태도야.

　우리 집 고양이가 가출(?)을 했어요.

[붙임 1] 한 문자에서 몇 개의 선택적인 물음이 겹쳤을 때에는 맨 끝의 물음에만 쓰지만, 각각 독립된 물음인 경우에는 물음마다 쓴다.

　너는 한국인이냐, 중국인이냐?

　너는 언제 왔니? 어디서 왔니? 무엇하러?

[붙임 2] 의문형 어미로 끝나는 문장이라도 의문의 정도가 약할 때에는 물음표 대신 온점(또는 고리점)을 쓸 수도 있다.

　이 일을 도대체 어쩐단 말이냐.

　아무도 그 일에 찬성하지 않을 거야. 혹 미친 사람이면 모를까.

3. 느낌표(!)

감탄이나 놀람, 부르짖음, 명령 등 강한 느낌을 나타낸다.

(1) 느낌을 힘차게 나타내기 위해 감탄사나 감탄형 종결어미 다음에 쓴다.

　앗!

　아, 달이 밝구나!

(2) 강한 명령문 또는 청유문에 쓴다.

　지금 즉시 대답해!

　부디 몸조심하도록!

(3) 감정을 넣어 다른 사람을 부르거나 대답할 적에 쓴다.

　춘향아!

예, 도련님!

(4) 물음의 말로써 놀람이나 항의의 뜻을 나타내는 경우에 쓴다.

이게 누구야!

내가 왜 나빠!

[붙임] 감탄형 어미로 끝나는 문장이라도 감탄의 정도가 약할 때에는 느낌표 대신 온점(또는 고리점)을 쓸 수도 있다.

개구리가 나온 것을 보니, 봄이 오긴 왔구나.

II. 쉼표[休止符]

1. 반점(,), 모점(、)

가로쓰기에는 반점, 세로쓰기에는 모점을 쓴다.

문장 안에서 짧은 휴지를 나타낸다.

(1) 같은 자격의 어구가 열거될 때에 쓴다.

근면, 검호, 협동은 우리 겨레의 미덕이다.

충청도의 계룡산, 전라도의 내장산, 강원도의 설악산은 모두 국립 공원이다.

다만, 조사로 연결될 적에는 쓰지 않는다.

매화와 난초와 국화와 대나무를 사군자라고 한다.

(2) 짝을 지어 구별할 필요가 있을 때에 쓴다.
 닭과 지네, 개와 고양이는 상극이다.

(3) 바로 다음의 말을 꾸미지 않을 때에 쓴다.
 슬픈 사연을 간직한, 경주 불국사의 무영탑
 성질 급한, 철수의 누이동생이 화를 내었다.

(4) 대등하거나 종속적인 절이 이어질 때에 절 사이에 쓴다.
 콩 심으면 콩 나고, 팥 심으면 팥 난다.
 흰 눈이 내리니, 경치가 더욱 아름답다.

(5) 부르는 말이나 대답하는 말 뒤에 쓴다.
 애야, 이리 오너라.
 예, 지금 가겠습니다.

(6) 제시어 다음에 쓴다.
 빵, 이것이 인생의 전부이더냐?
 용기, 이것이야말로 무엇과도 바꿀 수 없는 젊은이의 자산이다.

(7) 도치된 문장에 쓴다.
 이리 오세요, 어머님.
 다시 보자, 한강수야.

(8) 가벼운 감탄을 나타내는 말 뒤에 쓴다.

　아, 깜빡 잊었구나.

(9) 문장 첫머리의 접속이나 연결을 나타내는 말 다음에 쓴다.

　첫째, 몸이 튼튼해야 된다.

　아무튼, 나는 집에 돌아가겠다.

다만, 일반적으로 쓰이는 접속어(그러나, 그러므로, 그리고, 그런데 등) 뒤에는 쓰지 않음을 원칙으로 한다.

　그러나 너는 실망할 필요가 없다.

(10) 문장 중간에 끼어든 구절 앞뒤에 쓴다.

　나는 솔직히 말하면, 그 말이 별로 탐탐하지 않소.

　철수는 미소를 띠고, 속으로는 화가 치밀었지만, 그들을 맞았다.

(11) 되풀이를 피하기 위하여 한 부분을 줄일 때에 쓴다.

　여름에는 바다에서, 겨울에는 산에서 휴가를 즐겼다.

(12) 문맥상 끊어 읽어야 할 곳에 쓴다.

　깝돌이가 울면서, 떠나는 갑순이를 배웅했다.

　철수가, 내가 제일 좋아하는 친구이다.

　남을 괴롭히는 사람들은, 만약 그들이 다른 사람에게 괴롭힘을 당해 본다면, 남을 괴롭히는 일이 얼마나 나쁜 일인지 깨달을 것이다.

(13) 숫자를 나열할 때에 쓴다.
  1, 2, 3, 4

(14) 수의 폭이나 개략의 수를 나타낼 때에 쓴다.
  5, 6세기   6, 7개

(15) 수의 자릿점을 나타낼 때에 쓴다.
  14,314

2. 가운뎃점(·)
열거된 여러 단위가 대등하거나 밀접한 관계임을 나타낸다.

(1) 쉼표로 열거된 어구가 다시 여러 단위로 나누어질 때에 쓴다.
  철수·영이, 영수·순이가 서로 짝이 되어 윷놀이를 하였다.
  공주·논산, 천안·아산·천원 등 각 지역구에서 2 명씩 국회 의원을 뽑는다.
  시장에 가서 사과·배·복숭아, 고추·마늘·파, 조기·명태·고등어를 샀다.

(2) 특정한 의미를 가지는 날을 나타내는 숫자에 쓴다.
  3·1 운동   8·15 광복

(3) 같은 계열의 단어 사이에 쓴다.
  경북 방언의 조사·연구
  충북·충남 두 도를 합하여 충청도라고 한다.

동사· 형용사를 합하여 용언이라고 한다.

3. 쌍점(:)

(1) 내포되는 종류를 들 적에 쓴다.
 문장 부호 : 마침표, 쉼표, 따옴표, 묶음표 등
 문방사우 : 붓, 먹, 벼루, 종이

(2) 소표제 뒤에 간단한 설명이 붙을 때에 쓴다.
 일시 : 1984년 10월 15일 10시
 마침표 : 문장이 끝남을 나타낸다.

(3) 저자명 다음에 저서명을 적을 때에 쓴다.
 정약용 : 목민심서, 경세유표
 주시경 : 국어 문법, 서울 박문서관, 1910.

(4) 시(時)와 분(分), 장(章)과 절(節) 따위를 구별할 때나, 둘 이상을 대비할 때에 쓴다.
 오전 10 : 20 (오전 10시 20분)
 요한 3 : 16 (요한복음 3장 16절)
 대비 65 : 60 (65대 60)

4. 빗금(/)

(1) 대응, 대립되거나 대등한 것을 함께 보이는 단어와 구, 절 사이에 쓴다.
  남궁만/남궁 만   백이십오 원/125원
  착한 사람/악한 사람   맞닥뜨리다/맞닥트리다
(2) 분수를 나타낼때에 쓰기도 한다.
  3/4 분기   3/20

III. 따옴표[引用符]

1. 큰따옴표(" "), 겹낫표(『 』)
  가로쓰기에는 큰따옴표, 세로쓰기에는 겹낫표를 쓴다.
  대화, 인용, 특별 어구 따위를 나타낸다.

(1) 글 가운데서 직접 대화를 표시할 때에 쓴다.
  "전기가 없었을 때는 어떻게 책을 보았을까?"
  "그야 등잔불을 켜고 보았겠지."

(2) 남의 말을 인용할 경우에 쓴다.
  예로부터 "민심은 천심이다."라고 하였다.
  "사람은 사회적 동물이다."라고 말한 학자가 있다.

2. 작은 따옴표(' '), 낫표 (「」)

가로쓰기에는 작은따옴표, 세로쓰기에는 낫표를 쓴다.

(1) 따온 말 가운데 다시 따온 말이 들어 있을 때에 쓴다.

"여러분! 침착해야 합니다. '하늘이 무너져도 솟아날 구멍이 있다.' 고 합니다."

(2) 마음 속으로 한 말을 적을 때에 쓴다.

'만약 내가 이런 모습으로 돌아간다면 모두들 깜짝 놀라겠지.'

[붙임] 문장에서 중요한 부분을 두드러지게 하기 위해 드러냄표 대신에 쓰기도 한다.

지금 필요한 것은 '지식'이 아니라 '실천' 입니다.

'배부른 돼지'보다는 '배고픈 소크라테스' 가 되겠다.

IV. 묶음표[括弧符]

1. 소괄호(( ))

(1) 언어, 연대, 주석, 설명 등을 넣을 적에 쓴다.

커피(coffee)는 기호 식품이다.

3·1 운동(1919) 당시 나는 중학생이었다.

'무정(無情)'은 춘원(6·25때 납북)의 작품이다.

니체(독일의 철학자)는 이렇게 말했다.

(2) 특히 기호 또는 기호적인 구실을 하는 문자, 단어, 구에 쓴다.
 (1) 주어　　　(ㄱ) 명사　　　(라) 소리에 관한 것

(3) 빈 자리임을 나타낼 적에 쓴다.
 우리 나라의 수도는 (　)이다.

2. 중괄호({ })

여러 단위를 동등하게 묶어서 보일 때에 쓴다.

주격 조사 {이/가}　국가의 삼 요소 {국토/국민/주권}

3. 대괄호([ ])

(1) 묶음표 안의 말이 바깥 말과 음이 다를 때에 쓴다.
 나이[年歲]　　낱말[單語]　　手足[손발]

(2) 묶음표 안에 또 묶음표가 있을 때에 쓴다.
 명령에 있어서의 불확실[단호(斷乎)하지 못함]은 복종에 있어서의 불확실[모호(模糊)함]을 낳는다.

V. 이음표[連結符]

1. 줄표( )

이미 말한 내용을 다른 말로 부연하거나 보충함을 나타낸다.

(1) 문장 중간에 앞의 내용에 대해 부연하는 말이 끼여들 때 쓴다.
   그 신동은 네 살에   보통 아이 같으면 천자문도 모를 나이에   벌써 시를 지었다.

(2) 앞의 말을 정정 또는 변명하는 말이 이어질 때 쓴다.
   어머님께 말했다가   아니 말씀드렸다가   꾸중만 들었다.
   이건 내 것이니까   아니, 내가 처음 발견한 것이니까   절대로 양보할 수가 없다.

2. 붙임표(-)

(1) 사전, 논문 등에서 합성어를 나타낼 적에, 또는 접사나 어미임을 나타낼 적에 쓴다.
   겨울-나그네   불-구경   손-발
   휘-날리다   슬기-롭다   -(으)ㄹ걸

(2) 외래어와 고유어 또는 한자어가 결합되는 경우에 쓴다.

나일론-실   디-장조   빛-에너지   염화-칼륨

3. 물결표(~)

(1) '내지'라는 뜻에 쓴다.

9월 15일 ~ 9월 25일

(2) 어떤 말의 앞이나 뒤에 들어갈 말 대신 쓴다.

새마을 :   ~ 운동 ~ 노래
-가(家) :   음악~   미술~

Ⅵ. 드러냄표[顯在符]

1. 드러냄표(˙ , ˚)

˙이나 ˚을 가로쓰기에는 글자 위에, 세로쓰기에는 글자 오른쪽에 쓴다. 문장 내용 중에서 주의가 미쳐야 할 곳이나 중요한 부분을 특별히 드러내 보일 때 쓴다.

한글의 본 이름은 훈민정음이다.

중요한 것은 왜 사느냐가 아니라 어떻게 사느냐 하는 문제이다.

[붙임] 가로쓰기에서는 밑줄(＿＿,～～)을 치기도 한다.

다음 보기에서 명사가 <u>아닌</u> 것은?

Ⅶ. 안드러냄표[潛在符]

1. 숨김표(××, ○○)
알면서도 고의로 드러내지 않음을 나타낸다.

(1) 금기어나 공공연히 쓰기 어려운 비속어의 경우, 그 글자의 수효만큼 쓴다.
  배운 사람 입에서 어찌 ○○○란 말이 나올 수 있느냐?
  그 말을 듣는 순간 ×××란 말이 목구멍까지 치밀었다.

(2) 비밀을 유지할 사항일 경우, 그 글자의 수효만큼 쓴다.
  육군 ○○부대 ○○○명이 작전에 참가하였다.
  그 모임의 참석자는 김×× 씨, 정×× 씨 등 5명이었다.

2. 빠짐표(□)
글자의 자리를 비워 둠을 나타낸다.

(1) 옛 비문이나 서적 등에서 글자가 분명하지 않을 때에 그 글자의 수효만큼 쓴다.
  大師爲法主□□賴之大□薦(옛 비문)

(2) 글자가 들어가야 할 자리를 나타낼 때 쓴다.

훈민정음의 초성 중에서 아음(牙音)은 □□□의 석 자다.

3. 줄임표(……)

(1) 할 말을 줄였을 때에 쓴다.

"어디 나하고 한 번……."

하고 철수가 나섰다.

(2) 말이 없음을 나타낼 때에 쓴다.

"빨리 말해!"

"……."